魏徵的人生哲學

——忠諫人生

目錄

致君堯舜上 161

以隋朝爲鑒 203

引言

初唐從貞觀元年（公元六二七年）到二十二年（六四九年）這一段唐太宗統治的時期，在漫長的中國古代社會中的確不同凡響，歷史上最有名的「文景之治」、「漢武盛世」、「光武中興」以及同朝的玄宗「開元盛世」、清代的「康乾盛世」，都無法與「貞觀之治」相比肩媲美。這一理由，被《新唐書．太宗本紀》的「論讚」道得清楚明白：

「盛矣，至治之君不世出也！禹有天下，傳十有六王，而少康有中興之業。湯有天下，傳二十八王，而其甚盛者，號稱三宗。武王有天下，傳三十六王，而成、康之治與宣之功，其余無所稱焉。雖《詩》、《書》所載，時有缺略，然三代千有七百餘年，傳七十餘君，其卓然著見於後世者，此六七君而已。嗚呼，可謂難得也！唐有天下，傳世二十，其可稱者三君，玄宗、寵宗皆不克其終。盛哉，太宗之烈也！其除隋之亂，比跡湯、武，致治之美，庶幾成、康。自古功德兼隆，由漢以來未之有也。」

豈止於此，試問歷朝歷代，哪一代能與大唐帝國一較高低？人們每當提及祖宗的盛業，總是習慣地說一句「周秦漢唐」，可是，無論是看政治的修明、文化的繁榮，還是看經濟的發達、生活的富庶，以及當時人民的精神狀態和心理滿足程度，周、秦、漢三代雖然各自在部分領域有過足以自豪的歷史記錄，但綜合指數卻不免在大唐帝國的驚人成就面前自嘆弗如。

可以毫不誇張地說，由「貞觀之治」所形成的大唐鼎盛局面，以及後來居上，一步一個新台階的武則天統治時期和由唐玄宗開創的「開元之治」，唐帝國的三大步確確實實把中國古代文明推向最輝煌的頂點，「會當凌絕頂，一覽衆山小」。當此時也，風流倜儻的唐明皇放眼神州大地，看到自己擁有的三百二十一郡、一千五百三十八縣和五千二百八十八萬臣民，他算是眞切萬分地感受到了「普天之下，莫非王土；率土之濱，莫非王臣」的尊嚴和威風。但他不能忘記、也沒有理由忘記一點：他唐明皇的這份壯麗的江山，是老祖宗傳給他的。

的確，「好的開端是成功的一半」。儘管唐明皇的所謂「成功」在很多地方，尤其是政治並不比開創時期的唐太宗要好，而是恰恰相反。無論是女皇武則天的半輩子之傳業，還是唐明皇數十年的豐功，都有賴於唐初李世民的立國之本、開國之基、治國之策，即「貞觀之治」的一切超級的經營和創造。而這種創造和經營，雖然是以唐太宗的名義，實際上是由貞觀時期一大批傑出的名臣締造和實踐出來的。歷史不會忘記這群璀璨的明星，不會忘記房玄齡、杜如晦、長孫無忌、李靖、李勣、虞世南等名垂凌煙閣的功臣們，歷史更不會忘記當時一位政治舞台上的主角、堪列名於中國歷史最傑出的政治家行列的人物——魏徵。從歷史影響上來說，魏徵是大唐天宇上列斗群宿中最最明亮的一顆星，他的光芒，照徹了有唐一代的上上下下，照徹了封建帝王時代的漫漫夜空。這光芒，在人民的眼裡，甚至可以把封建史家心目中的太陽——唐太宗，也比得黯然失色！

「滾滾長江東逝水，浪花淘盡英雄。是非成敗轉頭空。青山依舊在，幾度夕陽紅」。一千餘年前的轟轟烈烈和波瀾壯闊，到如今，我們只能徘徊在唐闕殘垣和灞橋衰草之間，憑弔著如血夕陽映照下的歷史廢墟。多少深宮中歡宴的喧鬧、梨園教坊里的曼舞輕歌、京畿皇苑中的馬嘶劍嘯，都被漫漫的歲月消解得無影無蹤，無聲無息，只剩得孤雁三行，寒鴉數聲，荒草一片。一切的一切，復又歸於永恆的天籟！

正如余秋雨先生在一篇散文中說過的「廢墟是毀滅、是葬送、是訣別、是選擇。時間的力量，理應在大地上留下痕跡；歲月的巨輪，理應在車道間輾碎凹凸。沒有廢墟就無所謂昨天，沒有昨天就無所謂今天和明天。廢墟是課本，讓我們把一門地理讀成歷史；廢墟是過程，人生就是從舊的廢墟出發，走向新的廢墟。」有感於此，當我走進長安城邊的唐代廢墟時，也同樣被一種滄桑、一種壯烈、一種深沈，催迫得唏噓不已，滿眼熱淚。歸來之後，我無數次感慨萬千地喃喃自問：「太多的輝煌，太多的壯麗，太多的榮耀，太多的豐功，如今都已化為泥土，融入了大地。那麼，還有什麼是不朽的呢？」直到最後我終於有一天在這自問中恍然釋然：「只有一樣是永垂不朽的，它就是：精神」。

是的，魏徵。因為精神不朽，便使英名光耀百世；因為精神的力量，已掀動了太多的歷史書頁。

生長家世

魏徵的籍貫與家世

魏徵的籍貫問題，即家鄉何處，故土安在?這個問題，史書中較普遍的記載是「巨鹿曲城人」，後來遷居到相州內黃。據學者考證，巨鹿曲城即今河北省晉縣，相州內黃即今河南省內黃縣。由此可得出結論，魏徵的祖籍爲河上晉縣，這個地方「在河北省中部偏西，滹沱河流域，德石鐵路經過境內」。漢置下曲陽縣，隋改鼓城縣，明人晉州，一九一三年改晉縣。

關於魏徵的先世無以詳考。在《魏書》和《北齊書》中都沒有關於他先世事跡的記載，只有唐代李延壽所撰的《北史》卷五六有他父親魏長賢的傳。該傳稱魏長賢是北魏著名史學家魏收的族叔。如果這一說法可靠的話，那麼魏收的先世也就等於是魏徵的先世了。據魏收的自序：他們的有史可考的祖宗可追溯到漢代的高良侯魏無知，無知的兒子叫魏恢，曾當過濟陰太守，以善政著稱。魏悅子魏子建，曾任太尉從事中郎、東蓋州刺史，並在平定甘肅天水、秦安一帶的莫折念生、武都、成縣一帶的氐帥韓祖香的戰事中，善用安撫和鎮壓並重的政策，「前後斬獲甚衆，威名赫然」。結果北魏孝明帝龍顏大悅，「詔子建兼尙書行台，刺史如故。於是威振蜀土，其梁、巴、二益、兩秦之事，皆所節度。」後來，返回洛陽，累遷衛尉卿，除右光祿大夫。後歷左光祿大夫，加散騎常侍、驃騎大將軍。史稱魏子建「出爲藩牧，董司山南，居脂膏之中，遇天下多事，正身潔己，不以財利經懷。及歸京師，家人衣食，常不周贍，淸素之跡，著於終始。性存重慎，不雜交游」。（以上均引自《北史》卷五十六《魏收例傳》）於永熙二年春（公元五三三年）去世，享年六十歲。

魏收即是魏子建的大兒子，而魏徵的父親魏長賢，與魏子建是族兄弟的關系。長賢的祖父爲魏釗，本名顯義，字弘理，釗爲魏世祖所賜。史稱他「雅性俊辨，博涉群書，有當世才，兼資文武，知名梁、楚、淮、泗、間」。魏世祖準備征伐江南，聞魏釗之名而特別召見，交談一番後非常高興，大爲賞識。對魏釗說：「我這次南伐，正是你建功立業之日，希望你好好跟我做，不愁不富貴。」於是任命他爲貼身隨從，不離左右。南伐軍打到淮南地區，一度南進受阻，許多城始終攻克不下，魏釗及時進計道：「陛下百萬軍，風行電掃，攻城掠地，所向無前，雖有智者，莫能爲計。然而師次准南，已經累日，義陽諸城，獨敢拒守，此非不愼亡靈，自謂必可保全也。但陛下卒徒果銳，殺掠尙多，人皆畏威，未甚懷惠，恐一旦降下，妻子不全，所以遲疑，未肯先發。臣請間入城內，見其豪右，宣達聖心，示以誠信，必當大小相率，面縛請罪。陛下拔其英楚，因而任之，此外諸城，可不勞兵而自定。」世祖非常贊同這種作法。魏釗於是當夜潛入城中，大搞「統戰」宣傳工作，結果收效甚著，城中大小欣悅，第二天早晨就開城門投降了北魏。此後往南許多城，紛紛歸降。魏世祖對魏釗說：「卿之一言，逾於十萬之師。」爲表彰魏釗的功勞，授予他義陽太守、陵江將軍的職務，不久又升爲建忠將軍。正當皇帝對他格外看好並準備進一步重用時，魏釗得了風疾，雖然有御醫的竭力搶救，終於無效，死在征途之中，享年六十四歲。

魏徵的祖父叫魏彥，字惠卿。也很博學，善寫文章。年輕的時候，越郡王和廣陵王都邀請他去當幕府的秘書長，他都謝絕了。公元四九七年，氐帥楊靈珍造反叛魏，河南尹李崇被孝文帝任命爲都督隴右諸軍事，率兵數萬前往鎭壓。李崇邀請魏彥為鎮西參軍事。魏彥從前線回來之後，請求當著作郎，希望能夠撰寫一部《晉書》，以樹不朽之業。可是，魏彥不久又被彭城王邀請為秘書，兼知主客郎中，再次進入政界，他的從文之理想終究沒有實現。彭城王被殺後，他也退歸家鄉。北魏孝明帝初年，拜驃騎長史，不久又轉為光州刺史。六十八歲時去世。

父親的影響

魏徵的父親魏長賢，青年時代一直在洛陽官府學校裡讀書。公元五三四年，北魏權臣高歡進入洛陽，大殺魏之大臣，孝武帝被迫逃往長安。不久，高歡立清河王世子元善見為帝，是為孝靜帝，時年十一歲，改元天平，遷都於鄴（今河北省磁縣），史稱東魏，北魏至此滅亡。這一年，魏長賢也隨遷到鄴都。他以博涉經史、詞藻清華的名聲被舉為秀才，當了淮南王元悅的參謀長。北齊政權建立，建都鄴城，滯留於鄴的魏長賢又被北齊平陽王高淹辟為法曹參軍，轉著作佐郎。在當著作佐郎時，他重新拿起史筆，想撰寫《晉書》，以繼承和實現先人的遺志和夙願。正當他投身於史書中，因爲向齊世祖武成皇帝高湛上書，譏刺時政，對當朝權貴的種種違法犯罪行動大加揭露和攻擊，因而引起當權者們的極大不滿和怨恨。但所幸的是皇帝高湛剛即位不久，出於收買人心，照顧輿論的政治考慮，他沒有開殺戒，而只是將魏長賢貶出京城，安排到上黨郡屯留縣當縣令。這一變故發生後，長賢的所有親戚朋友幾乎都在責怪或埋怨他不識時務，不知分寸，一個小小的著作佐郎，在兵荒馬亂、人人自危的暴政年月，爲何還要去死命地寫什麼《晉書》？若潛心著你的書，倒也罷了，你爲何突然要冒出來，不顧死活地向皇帝上一道書，對人人畏懼的當朝權貴權臣們猛烈開火、大加討伐，這不是自不量力、以卵擊石嗎？你這樣做有什麼好處呢？自己受罰挨貶，還連累親戚故舊，又何苦來哉？

然而，亢直而倔強的魏長賢，在衆多親友的規勸和責怪中，並沒有認爲自己有何錯誤，而始終堅持誰有錯有罪應該揭露，正義必需起來與邪惡作鬥爭的鮮明立場，一點也沒有因爲這次挫折而變得世故起來。這一點，從他給親友們的答覆信中，可以看得明明白白、眞眞切切。而他的這種脾氣和個性，給日後出世的兒子魏徵影響極大，從魏徵一生的行跡中，可以清楚地看到其父留在他身上的烙印是何等地深刻而長久！

魏長賢在被貶出都城，遷往屯留縣後，朝中很多人爲之惋惜，紛紛爲他打抱不平。對於人們的同情，長賢表示理解，但他並不消沉，反而格外地泰然自若。這種遇挫不失志，寵辱皆不驚的品格，深受當時人們的稱許。北齊武平年間（公元五七一——五七六年），魏長賢以病辭職，從此後再也沒有出來做官。但是，在他一生的最後若干年裡，他卻看見北齊滅亡（公元五七七年），北周統一了北方；也看見了周武帝死後，隋國公楊堅的弄權發跡；看見了唯一的寶貝兒子魏徵的降生（公元五八〇年）。老來得子，這天大的喜事使得他怏怏不樂的晚年頓生無窮的樂趣，但同時又爲襁褓中兒子的未來擔憂著：眼見了多少政權更迭和人事沉浮的他，對社會的前景和自家的未來憂心忡忡，一片茫然無奈。當他在氣息奄奄的彌留之際，向在病榻邊跪侍著的幼子魏徵作生死長訣時，也許在微弱無力的囁嚅中，也許是他昏黯失神的目光注視中，對自己唯一的愛子，做了最眞誠最美好的祈禱和期待：自己生逢凶亂之世，危難多艱，以至家道衰落，穿身荒陬，貧窮終身，死不足惜。唯願下一代能幸逢明主盛世，不但家道興旺，國家也昌盛，武運長久，文運也永駐的美好時代！

據史料記載而推算，魏徵出生年份應是公元五八〇年，即北周靜帝大象二年、南朝陳國太建十二年、後梁天寶十九年。

與同時代人物的比較

魏徵來到了人世不久，正逢中國社會分久必合的歷史關口。開皇九年（公元五八九年）的大年初一，隋朝數路大軍，一舉突破江防，橫渡陳朝賴以爲險的長江天塹，在陳都城建康會師。韓擒虎、賀若弼相繼揮師入城，陳兵望風而降。陳後主從景陽宮中逃出，躲在一口枯井裡，被隋軍搜出。至此，陳朝滅亡，從而結束了數百年長期分裂的局面，中國復歸統一。這一年，魏徵尚不滿十歲，還在河南省內黃縣一個破落的帶有書香門第色彩的小官吏家庭中讀書識字，睁大一雙機靈而迷惑的眼睛，看著身邊動蕩不安的世界。

走筆到此，我不由想到與魏徵處在同一歷史時期、並且同樣在未來的歲月活躍於歷史舞台上的一批大名鼎鼎的人，與魏徵相比，下列人物的年齡依次是：

歐陽洵（五五七年）
姚思廉（五五七年）　三人長魏徵二十三歲。
屈突通（五五七年）
虞世南（五五八年）　長魏徵二十二歲。
李百藥（五六五年）　長魏徵十五歲。
李　淵（五六六年）　長魏徵十四歲。
劉文靜（五六八年）　長魏徵十二歲。
封德彝（五六八年）　長魏徵十二歲。
楊　廣（五六九年）　長魏徵十一歲。
王　珪（五七一年）
李　靖（五七一年）　二人長魏徵九歲。

竇建德（五七三年）二人長魏徵七歲。
裴　寂（五七三年）
孔穎達（五七四年）二人長魏徵六歲。
蕭　瑀（五七四年）
高士廉（五七五年）長魏徵五歲。
褚遂良（五七六年）長魏徵四歲。
武士彠（五七七年）長魏徵三歲。
房玄齡（五七九年）長魏徵一歲。
顏師古（五八一年）小魏徵一歲。
李　密（五八二年）小魏徵二歲。
令狐德棻（五八三年）小魏徵三歲。
杜如晦（五八五年）二人小魏徵五歲。
尉建敬德（五八五年）
李建成（五八九年）小魏徵九歲。

李　勣（五九四年）　小魏徵十四歲。

李世民（五九九年）　小魏徵十九歲。

馬　周（六〇一年）　小魏徵二十一歲。

我們比較了隋唐之交諸多的歷史名人與魏徵的年齡後，發現了這樣一個事實：魏徵與年齡大一些的人物相比，他在中青年時期的政治地位實在是太低微了，宦途也充滿了坎坷和挫折。換句話說，魏徵的風華正茂的黃金時代，基本上是不得志的。而比他年長或稍大等輩，則幾乎全都是在青年時期意氣風發、少年得志。撇開貴不可言的隋煬帝和唐高祖不說，他們都是孩提時代就襲封王公；單單看一看像裴寂，十四歲就當上州主簿，二十歲左右就入京師爲左親衛，尋任齊州司戶，三十歲以後當上晉陽宮副監。即使如此，史書上還稱裴寂年輕時代不算得志之輩；像劉文靜，青年時代當上晉陽令，比裴寂更順暢，更出風頭；像武則天的父親武士擭，年齡只比魏徵大三歲，卻早在公元六一七年就當上李淵手下一員重要軍事將領——行軍司鎧，後又當上大將軍府鎧曹，唐朝一建立，就拜爲光祿大夫，封太原郡公；像屈突通，在未反隋投唐之前的好些年裡就已是隋重要將領，二十多歲時，屈突通已當上親衛大都督、右武侯車騎將軍，與弟弟屈突蓋（時任長安令）均享威名於朝野，以致當時人們流行一曲歌謠：「寧食三斗艾，不見屈突蓋；寧服三斗葱，不逢屈突通。」其威信爲人所敬畏如此；像封德彝，三十歲就被權臣楊素看中，用爲記室，並馬上被楊素推薦給隋文帝，當上內史舍人；像蕭瑀，九歲就被封爲新安郡王，不過此係梁朝帝裔所致，且不多說；像房玄齡，年十八，即舉本州進士，授羽騎尉。要不是父親房彥謙長期臥病在床，需要玄齡侍奉湯藥的話，他或許還會更早更快地在宦途平步青雲；像李靖，年輕時也當過長安縣功曹、駕部員外郎、馬邑郡承丞，盡管職位不高，但總強過完全是一個布衣的魏徵。即使是命運最與魏徵相似的王珪，也在開皇末年當過奉禮郎，好歹也是一個官；像虞世南，雖然年輕時代未做什麼具體的官，但那純粹是因爲他不屑做，他與哥哥虞世基在少年時就文名大振，年輕時更是譽滿京師，「時人方之二陸」；像李百藥，十幾歲時即被皇帝授予東宮通事舍人、太子舍人、東宮學士等重要官職，這典型的少年得志，曾在當時遭到許多人的嫉妒和懷恨；像姚思廉，盡管本性是個道地的書生學究，也早在南朝陳未滅亡的時候，當過揚州主簿，陳滅亡後，又在隋朝當上漢王府參軍，遠比魏徵青年時代的境遇要強。

門第之難

比魏徵年紀稍小的另外一群人物，共同的特點是政治上挫折較少，升遷極快，而且頗蒙唐太宗和唐高宗的重用。像杜如晦、尉建敬德、李勣、馬周等等。總之，與魏徵基本上處於同一歷史時期的絕大多數著名人物，還沒有哪一位像魏徵這樣少年歷經過這樣多的艱辛和磨難，青年時代像他這樣的默默無聞，完全是個平民百姓；也沒有哪一位像他這麼晚才進入眞正的宦途，好不容易才受到統治者的信用。所以，我們在比較了衆多著名人物的青年時代的情況後，發現魏徵的身世和自身的經歷，總有一層無法揮去的悲劇色彩和沉鬱基調，即使我們注意到他在貞觀年間的有限歲月裡的叱吒風雲，卻也無法使人在縱觀他一生的遭際後能得出「幸運魏徵」的結論，而是恰恰相反，讓人至今仍在替他嘆惜和不平：如此的英才，如此的人物，為什麼讓他遲遲才登上歷史舞台呢？為什麼扮演主角的機會如此匆暫，簡直可以說是稍縱即逝呢？

導致這一切的原因當然是多方面的、極其複雜的。我們撇開表淺層次的社會環境、政治時機、個人際遇等不說，單說魏徵青少年時期所處的社會，正是中國門閥士族占統治地位的殘存時期。關於門閥制度的形成和發展，大致上經歷了四個階段：東漢末至曹魏時期為萌芽階段；西晉時期為門閥制度的初步形成階段；東晉、南北朝前期為門閥制度的確立和典型階段；南北朝後期為門閥制度的轉型階段。魏徵生於北周，長於隋朝，正逢門閥制度的轉型時期，雖然高門望族不像東晉宋齊梁代那麼興旺發達，不可一世；但「百足之蟲，僵而不死」，存在了數百年的門閥制度怎麼可能迅速退出歷史舞台？恰恰相反，它在隋代，甚至唐朝的相當一段時期裡，由此制度轉化為風氣而嚴重地左右著人才的選拔任用，大大地影響著社會生活，尤其是每個人的政治前途和生命！與魏徵相比較的那些人中，年輕時命運較好，宦途平步青雲者，莫不是因為先世父輩的門第和地位在發揮作用。例如：裴寂的祖父裴融為司木大夫，父親裴瑜是絳州刺史；劉文靜的祖父劉懿是石州刺史，父親劉韶是「戰沒之烈士」，被贈爲「上儀同三司」；唐儉的祖父唐邕是北齊尙書左仆射，位至宰相，父親唐鑒是隋朝戎州刺史；長孫順德的祖父是秦州刺史，父親也爲隋開府；劉弘基的父親劉升爲隋代河州刺史；劉政會的祖父劉環雋爲北齊中書侍郎；柴紹的祖父柴烈，北周驃騎大將軍、父親柴愼是隋朝的太子右內率，祖、父皆爲公爵；屈突通的父親是北周的邛州刺史；竇威的父親竇熾是隋朝的太傅，家世尤其高貴；高士廉的祖父高岳，北齊的侍中、左仆射、太尉、淸河王，父親高勵，也是左仆射、樂安王；長孫無忌，家世更是顯赫，幾代貴甲關中，父親長孫晟仍是隋朝右驍衛將軍；杜如晦祖父杜徽，爲北周河內太守父親二度爲隋朝的昌州長史；李靖的祖父李崇義是後魏的殷州刺史、永康公，父親李詮是隋代的趙郡太守，舅舅韓擒虎更是隋朝滅陳的主要功臣和赫赫名將；王珪的祖父王僧辯，是梁朝太尉、尙書令，父親王顗，是北齊東陵太守……可以說，當時絕大多數人的家庭和家族都要比魏徵「高級」、「淸貴」得多。現代著名唐史專家汪籛先生在分析魏徵家世時論道：「在《魏書》和《北齊書》中皆無有關他先世事跡的記載，只有李延壽所撰的《北史》卷五六有他父親魏長賢的傳。李延壽修《北史》約在貞觀年間，其時魏徵正大蒙太宗寵信，故其敘事恐多溢美。其所言長賢即魏收族叔，似亦不可信。魏徵一家，照推測應是一小族。」又在同一文中另一處寫道：「上面分析的結果，張亮的家門是最低的，本來是一個農夫，自此而上，魏徵、戴胄、馬周、張行成的家門都甚爲寒微。」（《汪錢隋唐史論稿·唐太宗之拔擢山東微族與各集團人士之並進》）魏徵是否與魏收這樣的權貴大族爲同一支系，已經值得懷疑，而從魏徵確鑿不疑的祖輩情況來看，是典型的衰敗破官僚之家。父親魏長賢，終生只當過區區一著作佐郎和小小屯留縣令，而且最後的結局「辭疾去職，終於齊代，不復出仕」。如果蓋棺定論，不過是個普通老百姓。再從魏氏的郡望在鉅鹿曲陽，而魏長賢已遷徙至魏郡的內黃這一事實上看，魏徵一家早已潦倒敗落得連同族地望也沾不上邊的境地。所以在魏徵的幼年、少年乃至青年時期，在門閥士族仍占統治地位的歷史時代，無依無靠，無產無業，甚至無親無助，只有在亂世中遁入道觀，出家當一名道士，以維持最基本的生存條件，的確是順理成章的出路。

轉折點

關於魏徵在三十五歲以前的行跡，任何史書都是記載闕如或者語焉不詳。我只能在綜合了各種史料後，勾勒出一條最簡略也最接近事實的輪廓，推斷出他在隋煬帝大業六年（公元六一〇年）以前，可能在內黃家中閒居，主要是在今河南、河北、山東三省交界之數縣範圍內流浪、闖蕩，交結了一些朋友。但大部分時間仍是在家中讀書習文，父親和祖父雖然沒有給他遺下什麼家財和高位，但卻留下了爲數不少的古今圖書典籍。一個沒有其他出路的青年，在窮極無聊又暫無指望的混亂社會，讀書無疑是他最自然、最合適的選擇。從他啓蒙識字（起碼不晚於八歲）起，到大業六年止，這段時期不短於二十年。所以，二十年的讀書生活，對魏徵以後的人生，其各方面的影響，實在太巨大了。大約在大業七年（公元六一一年），魏徵三十一歲那年，魏徵出家當道士，從此離開了內黃縣的家鄉，開始了他艱難的政治生涯。這一年，不僅對魏徵是個重要的轉折點，而且對隋帝國來說，也是個由盛轉衰、由治變亂的分水嶺。其最鮮明的界限就是隋煬帝在這年下詔擊高麗。

隋煬帝好大喜功，爲了對外耀武揚威，發動了並無多少實際意義的侵略高麗的戰爭。爲了進行這場戰爭，他做了長期的準備。早在大業五年（公元六〇九年），他在涿郡就修建了臨朔宮，作爲行轅，以便親自指揮戰爭。大業六年，又下令幽州總管元弘嗣，限期趕造出三百艘大船，在山東掖縣的造船工地裡，船工們被迫站在齊腰深的水裡，不分晝夜地拼命工作，由於長期泡在水中，致使腰部以下都腐爛生蛆。過度的折磨使船工們大批病倒，平均每十人中就有四人死亡。爲了製造陸路的運輸工具，隋煬帝又勒令江南、淮南、河南等地人民，製造裝載衣甲帳幕的戎車五萬輛，並送至湖北，限期未製造或未送到指定地點者，即以誤延軍機而處以殘酷的刑罰。七月份，又徵江淮以南廣大地區的民夫和他們自己的船隻，到黎陽和洛口來運送軍糧到涿郡，褥暑炎天的盛夏季節，千餘里的水道和陸路上，全是運載軍糧和戰爭輜重的人流、船流和車流，幾十萬人晝夜疲於奔命，道路阻塞，人們互相踐踏，餓死累死熱死者沿路皆是，屍體滿野遍地，腐臭氣盈路薰天。牛車徵發完了，又徵發人力推車，車夫六十餘萬，二人共推一輛車，載米三石。由於路途遙遠而多險阻，等車推到目的地，車上的米還不夠車夫一路所吃的，車夫無法交帳，只好逃亡。加之旱災頻繁，田園荒蕪，米價已哄抬騰漲，東北地區更是一斗米值數百錢，這沉重的買米負擔，使一般民夫難以承受。各地各級的官吏又貪婪凶殘，乘備戰之機，大肆貪污謀私，克扣、謊報、盤剝、攤派、勒索、強徵、受賄等不法的勾當盡行運用，廣大百姓不堪重負，終於導致了隋末農民大起義。

起義的結果是官軍鎮壓，兵荒馬亂，剛過而立之年的魏徵爲此受到巨大的刺激，他再也不能優閒自適地批閱把玩先人留下的經籍文典了，他的心思也不再停留在繼承祖、父數輩的夙願：編撰《晉書》；而是投入他全部的熱忱和心血，去探究和追索一個現實性極強的巨大謎底：隋帝國這位年輕的巨人，爲何突發急病？病因是什麼？醫治這個大病的藥方又是什麼？

我們可以說，隋末農民大起義爆發以後，魏徵就開始以一個政治家、思想家的態度和方式生活在這個社會了。內黃縣的四周，已經沒有一寸平靜的土地，揭竿而起的造反者及其武裝行動，迫使道士魏徵必須走出道院，去面對眼前的現實作出選擇。

可是，投身兵戎之後的魏徵，在如火如荼的政治風暴中，等待他的是什麼樣的命運呢？

時運不濟的十年

隋末唐初之交的十年，是魏徵政治生涯的前期，也是他最痛苦、最不得意的十年。上帝似乎已經安排好了他的政治命運，註定了他的個性、意志和人格只能在良好的社會環境中發揮作用。換句話說，如果隋末的戰亂時光再拖延若干年的話，那麼魏徵將會一事無成，歷史的典冊中，我們也就看不到魏徵這位以善於「守成」而著名的政治家的名字了。

參加義軍，初露鋒芒

讓我們回過頭去繼續看看剛出山的魏徵吧。儘管魏徵年已三十好幾了，而且飽讀詩書，滿腹經綸，有著豐富的人生經驗，然而，由於他畢竟身份低微，生活的範圍太侷促，交往的圈子也就無法擴大，他的人際關係很難通達到上層社會。所以，當時勢逼迫他走出安靜無爭的道觀，投身兵戎相見的戰爭之中時，他出山的第一站，就是投奔到他的朋友、武陽郡（今河北大名縣）郡丞元寶藏手下暫時棲身。魏徵所居住的內黃縣，就屬於武陽郡管轄。當時元寶藏看到李密所領導的瓦崗軍奪取了洛口倉（在今河南鞏縣），威鎮中原的時候，也應時順世，率本郡農民起兵響應，一起反隋。為了統一反隋的鬥爭步驟，更完整地保存自己這支剛剛揭竿而起的隊伍，元寶藏迫切需要與李密所在的瓦崗軍聯繫，以圖有個託附和依靠。恰好這時，魏徵能夠應邀而來，元寶藏大喜過望，文才韜略俱佳的早日好友的加盟，無異於老天爺給自己送來了一位理想的秘書、參謀、顧問。於是，寶藏對魏徵的到來表示了真誠的歡迎，並且立即重用他，與李密的聯絡信這樣重要的文件也毫不猶豫地讓魏徵執筆起草。

之後，魏徵就留在元寶藏的起義軍中，專門負責文書工作。所有的信件和文章都由他草擬。與李密聯繫上了以後，元寶藏與瓦崗軍之間便有了頻繁的書信和情報交流。李密每次讀完元寶軍隊送上的函件，總是被文中的道理和見解深深地打動，而且對文章的優美和流暢也贊不絕口。起初，李密忙於繁忙的軍務，還沒有特別留意，看多了以後，就加深了印象，便特意給元寶藏寫信詢問這些函文到底是何人所寫。元寶藏便實話實說都是出自魏徵之手。李密對魏徵的文才和智慧非常賞識，便把他從元寶藏那裡要了過去，讓他當自己的文書。

李密眼中的小文人

魏徵的人生第二站就是李密當部下，成爲瓦崗起義軍的一員。不過這一站的路程很短。李密雖然很欣賞魏徵，但魏徵鄭重其事地將自己對時局的看法、分析的結果、應變的策略連續寫成十篇文章送上時，李密卻沒有採納，只是覺得魏徵人才難得，表揚了一番而已。只因李密是個自視甚高的人，他自幼出身高門，是大貴族子弟，幼年時便在首都長安的官僚子弟中以識見雄遠、足智多謀而著名。連隋煬帝也被他氣貌不凡所震懾，認爲是個不簡單的人物，從而對他有了戒心，不讓他在宮廷警衛部隊裡任職。隋朝權臣宇文述也曾對李密私下評價道：「李公子才學極佳，終當大顯於世，混在警衛部隊裡有什麼前途？」李密更加充滿了自信，便辭去歸家，發憤讀書，然後又前往緱山（今河南偃師東部）跟隨著名學家包愷深造，重點攻讀《漢書》，常以項羽自許。宰相楊素也對李密稱贊不已，對兒子楊玄感說：「我觀察李密的見識和閱歷，大大超過你們。要留心向他學習呀！」楊玄感牢記父親的囑附，傾心結交李密，兩人很快互相欣賞，成爲政治上的密友。後來，楊玄感乘隋煬帝遠在遼東的機會，在黎陽起兵反隋，並且派人去長安把李密接了過來，共同策劃篡奪隋朝江山的大計。李密當然樂意與好友共創大業，於是立即向楊玄感獻上「上、中、下三計」，讓楊玄感去選擇。上計是：揮師北上，截住隋煬帝的歸路，使隋煬帝前有高麗，後有我等，前後夾擊，皇上不過十天半月就彈盡糧絕；中計是：奪取關中，占領長安；下計是：就近攻下東都洛陽，與隋軍硬對硬拚一場，決個高下勝負。令人遺憾的是楊玄感的想法恰恰與李密相反，認爲李密的下計正是他的上策。他的理由是，隋朝百官大臣的家庭大多數在洛陽，我們攻克了洛陽，足以使百官思想動搖。況且眼前的重鎭過而不打下它，何以顯示我們的力量和威風？就這樣，楊玄感沒有採納李密正確的決策，不幸兵敗而死，李密在逃亡中被隋軍逮捕。半路上，李密跟另外十幾個在押的人偸偸商量，把大家隨身暗藏的金銀財寶全部送給押送的隋兵，供他們吃喝。隋兵受了賄賂，飲酒作樂，防備就漸漸鬆懈了。李密等人乘隋兵酒醉之機，跳牆逃跑了。李密逃出去後，浪跡江湖，生活幾同乞丐，並且不得不隱姓埋名，靠在鄉下教讀孩童以度日。最後歷經風險，輾轉來到了翟讓領導的農民起義軍所在地——瓦崗寨。

李密一進入瓦崗軍，很快便使農民的首領們對他十分欽佩和信任，從而迅速成爲瓦崗軍的決策人物。在他的謀劃下，瓦崗軍攻破了要塞金堤關（今河南滑縣南），拿下滎陽附近的幾個縣城，直逼滎陽城下，在滎陽戰役中，李密顯示出驚人的軍事才能，大敗隋軍名將張須陀，並於次年春天攻占了隋朝最大的糧食儲備基地——洛陽附近的興洛倉。從而使瓦崗軍聲威大振，在短短的幾個月裡，發展成幾十萬人的強大軍隊。李密的威望也迅速提高，成了中原起義軍的實際軍隊。

魏徵正是在李密連戰連捷，志得意滿的時候給李密上策獻計的。李密儘管欣賞魏徵，但這只是一種大英雄對小文人式的賞識，其實李密並未把魏徵放在平等的戰友般的地位上看待，甚至連個謀士的身份也算不上，他充其量只參考像裴仁基、鄭頲、祖君彥等隋朝的一班降官降將們的建議和意見，壓根兒瞧不起這位內黃鄉下的小小讀書人魏徵。

魏徵的十道建議書未被李密採納，已經使他意識到自己在大名鼎鼎的李密心中的份量是微不足道的。這當然使他很懊喪傷心，他也很自卑地感到了自己一個寒儒與高門貴冑的李大公子之間存在著的差別和距離。但生性耿介好強的魏徵，並不氣餒灰心，他仍然要以自己的眞知灼見去說服別人，並且最終證明自己的正確。無法使高高在上的李密一見傾心，那就退而求其次吧，透過一種迂迴的辦法，比如說服李密所信用的鄭頲等人，再讓他們去打動李密，效果不也一樣嗎？

瓦崗覆滅知命運

大業十四年（公元六一八年）三月，宇文化及在江都（今江蘇揚州）發動了宮廷政變，殺死了隋煬帝，自稱大丞相，立秦王楊浩爲皇帝，率領隋朝的殘兵敗將十多萬人北上，想要打回東都。已經在東都稱帝的越王楊侗，深怕自己的皇位被宇文化及搶走，守城大將王世充又屢次與起義軍交戰都吃了敗仗。在這種情況下，他接受了大臣元文都的計策，決定招降李密，讓李密去打宇文化及。而此時的李密也處在圍困東都久攻不下，士氣低落，軍心搖動的局面之下，又聽說宇文化及已經北上要來攻打東都，便更加著急。楊侗派來的使者把意圖一說：「只要李密打退叛賊宇文化及，解東都之圍，一定封他為太尉，執掌軍政大權。」李密非常高興，就倒向了楊侗集團，下令攻打洛陽的部隊撤兵，在洛陽以南地區嚴陣以待，替楊侗去打宇文化及。經過黎陽、童山兩個戰役後，李密打敗了宇文化及，回到洛口城，準備向楊侗邀功請賞。這時候，東都洛陽內發生了政變，王世充殺掉了執政的元文都，掌握了大權。而王世充與瓦崗軍之間曾多次交手，均已慘敗告終，所以他恨透了瓦崗軍，與李密更是二梟相遇，勢不兩立。王世充掌了權，李密入朝執政的美夢也就破滅了。

在這之前的幾個月，瓦崗軍內部發生了一次嚴重的內訌事件。瓦崗軍首領翟讓有個心腹部將王儒信，見李密的威望日益提高，以至取代了翟讓而號稱魏公，儼然稱帝建國一般。而且太原留守李淵在兒子李世民的幫助下，也已起兵入關，並且所向披靡，攻克了首都長安。做為翟讓的老部下，見到本軍內部的形勢和全國的局勢都對他們不利，便極力催促翟讓採取行動，否則將來隋朝滅亡了，自己這一幫人也得不到江山，皇帝位子要麼被李密搶走，要麼由李淵奪去。當務之急，是要翟讓重新奪回對瓦崗起義軍的控制權，這樣，當時的全國最大一支起義軍——瓦崗軍還有可能與李淵抗衡，一較高低，奪得全國江山，當上皇帝，還是極有希望的。翟讓聽信這番道理，但懾於李密的威信，還不敢下定決心，遲遲未採取行動。李密得知了他們的密謀後，不覺大驚，當即決定先下手爲強，以設宴爲名，引出翟讓兄弟及王儒信等一幫舊部，在宴席上突然採取行動，一網打盡，盡行斬殺。從此，瓦崗軍舊部與李密等人之間產生了無法彌合的裂痕和矛盾。這種後果很快在王世充的進攻中暴露出來。當時，王世充對李密欲發起強有力的進攻。在這種形勢下，李密召集了一次高級將領會議，研討對策。

魏徵當時在軍中的地位很低，沒有資格參加這次重要會議。但他認爲此次與王世充的決戰極其重要，其成敗決定著瓦崗軍的前途和命運。這眞讓魏徵焦急萬分。他在軍帳外不安而關切地等候著會議的結果，這時，中途休會期間，元帥府長史（即李密的秘書長）鄭頲走出軍帳休息，魏徵連忙上前去打聽會議情況，鄭頲心情沉重地告訴這個直屬部下：「大家意見不一，爭論激烈，到現在還沒有決定怎麼打這一仗。」魏徵聽罷，連忙將自己深思熟慮過的對這次決戰的想法和盤托出：「李密雖然在前幾次大戰中都取得了勝利，但是將士傷亡很多，錢財糧草也很緊張；加上立過戰功的將士們並沒有得到規定好的論功行賞，影響了他們再次拼死出戰的士氣。從這兩點看，不可以與王世充去打對攻的硬仗。最好的辦法是：挖溝築壘，打持久戰和防御戰。雙方對峙久了，敵人糧盡，可不打自退。這時再乘機追擊，必然會取得勝利。從對方的角度上，王世充盤踞的東都吃的東西已快耗盡了，他不能坐而餓死，爲了弄到糧食，必然會殊死拼命與我們一戰。老話講：『窮寇難與爭鋒』，死到臨頭的人是最瘋狂的。我們千萬不能出戰啊！」鄭頲原來是隋朝的監察御史，投降李密後很受重用，他根本不把魏徵這樣的小官放在眼裡，聽罷魏徵的建議後，便譏笑道：「這不過是些老生常談。」魏徵很生氣地反駁道：「這是我反覆思考後的奇謀妙計，憑什麼說它是老生常談？」鄭頲也懶得再搭理，留下激動不已的魏徵，轉身走進開會的軍帳中。

見自己的一番高見不被重視，反而受到輕蔑和奚落，站在軍帳外的魏徵身上的熱血頓然冷卻下來。他傷透了心，寒透了心。他似乎已經意識到自己與李密不可能有政治機緣了，與瓦崗軍的關係也到此爲止。他分明已經料到李密的失敗，料到瓦崗軍的滅亡。

果然，李密在衆多部將要求出戰的影響下，決定與王世充速戰。加之開戰之後，又有麻痺輕敵之心，自己親率大軍駐紮在偃師城北，列營而不設壘，結果在王世充的火攻和奇襲下，潰不成軍。守衛洛口倉的部將又叛變，使王世充及時補充了最缺乏的糧餉，乘勝猛擊李密，李密最後被王世充打敗。瓦崗軍，這支全國最大的農民起義軍，就這樣被消滅了。

李密召開的會議，沒有邀請魏徵參加，也沒有採納他的意見，這對剛剛走進政治生涯的魏徵來說，無異是當頭棒喝，似乎是對一個年輕的政治家在厲聲警告：「政治是殘酷的，現實是無情的，投身到現實政治中，你不要指望一帆風順，不要期待一蹴而就。長路漫漫，坎坷無盡，受不起頓挫和折磨，你只有重歸道觀。路漫漫其修遠兮，需要一個人去冷靜的探索，執著的追求，不懈的努力，永恆的奮鬥！」

待罪受命

魏徵冷靜下來了。當他默默地跟著歸降李淵的瓦崗殘軍，踏上進入關中的旅途時，凝望夕陽沐浴下的長安城，魏徵強烈地意識到，這不過是他艱難人生的開始。在這天翻地覆的亂世，個人的榮辱與沉浮，甚至每一個人的生命，顯得多麼地渺小，多麼微不足道啊！於是，他由此也強烈地意識到，既然命運決定了自己生逢動蕩之世，那麼坎坷磨難的遭際就是一種必然。對自己在未來的一切命運，他有充分準備。只是對於年近四十的他來說，人生如白駒過隙，稍縱即逝。時間對他太寶貴了，大器晚成的魏徵，深深地感到了緊迫，時不我待！

唐高祖武德元年十月，當大唐帝國剛剛建立五個月的時候，魏徵以歸降的俘虜身份，首次進入首都長安。而當初李密在入關歸唐前，曾有過較美妙的期待。他雖然也是以敗將身份降唐，但認爲自己曾經擁衆百萬，在山東一帶的廣大地盤上，也是個稱王稱霸的蓋世豪傑。可是，等他到了長安，人見李淵後，卻只被授予一個光祿卿的官職。這是李密所萬萬沒有想到。大失所望之後，他又萌生叛唐之心。後來，李密主動請求以本部兵往黎陽去招撫過去的部下，唐高祖欣然同意。朝中群臣多勸諫高祖：「李密狡猾好叛，如今讓他東去，恰似投魚入水，放虎歸山，必一去不返，成爲我大唐的勁敵了。」高祖卻充滿自信地笑道：「帝王自有天命，不是小人們所能取得的，即使他叛變逃跑了，也沒什麼可怕的。我讓他去與山東的賊人打架，我們坐收漁人之利，這應該是眼下最佳的一條方案。」於是，李密與心腹舊友王伯當和賈潤甫迅速離開了長安，直奔桃林縣，準備先到瓦崗舊部現爲刺史的張善相那裡，暫時棲身，然後恢復舊幟，重聚力量，以圖東山再起。可是，當他們一行路經熊耳山時，被熊州行軍總管盛彥師埋伏擊敗，李密和王伯當當場斃命，他倆的首級被割下來，送往長安，向皇上報功奏捷。總計從李密起兵到此，六年就滅亡，一代梟雄的一生，就這樣悲壯地結束。

李密叛逃事件發生之時，魏徵正默默無聞地呆在首都長安。等到平定了事件後，可能是由此開展了對瓦崗舊部進行大清查的活動，於是，幾乎被人遺忘的魏徵重新像一件不起眼的過時衣服一樣，被人翻撿了出來。魏徵接到唐高祖的召見命令，以爲被處置的時刻已經來臨，便作好了赴死的準備，與戰友們揮淚訣別。不料進宮謁見之後，皇上並沒有讓他去死，而是安撫有加，並以極大的信任感派他去黎陽招降瓦崗舊將徐世勣。魏徵深知此行是戴罪立功的性質，假如能勸降了徐世勣歸降唐朝，自然是立功受獎；假如做不到這一點，那麼他的命運會與老上級李密一樣，只有死路一條。然而，此時此刻，魏徵已別無選擇，在這生死關頭，他像押注的賭徒一般，只好孤注一擲了。

書說徐世勣

徐世勣，就是後來唐朝赫赫有名的大將李勣。他本名徐世勣，後來，因歸降唐朝，且戰功卓著，被賜姓李。又因「世」字犯唐太宗名諱，所以改單名叫李勣。李勣是山東曹州離狐（今山東東明縣）人，出身於一個大地主家庭，家多財產，樂善好施，經常賑濟貧民，故而在家鄉樹有較高的聲望。隋末農民戰爭爆發後，他年僅十七歲，跟隨翟讓舉兵造反。首次與隋軍交戰，就斬殺了大將張須陀，從此聲名大振。隋煬帝大業十二年（公元六一六年），李密來到了瓦崗寨。李密出身望族，很有才能，在他的策劃和指揮下，取得了滎陽大海寺戰役的勝利，又攻下了興洛倉，立下許多戰功。李勣與王伯當等商量，說服翟讓，公推李密爲瓦崗寨起義軍的首領。李密建立了農民政權後，李勣被封爲右武侯大將軍，東海郡公。在李勣的建議下，瓦崗軍先後打敗王世充和宇文化及，兵力發展到二十萬人。唐高祖武德二年（公元六一九年），李密歸降唐朝後，瓦崗軍所控制的山東廣大地區，仍然由李勣占據著。爲了表示對李密的耿耿忠心，李勣將所占據的所有州縣的戶籍、田冊名單一齊送給李密，讓李密去交給唐高祖。唐高祖對李勣的行爲大加贊賞，感動地說：「徐世勣感德推功，眞是個純臣！」於是下詔授李勣爲黎陽總管、上柱國，封萊國公，後又改封曹國公，加授右武侯大將軍，賜姓李氏，後命李勣率兵總理河南、山東前線軍務，負責消滅王世充。當駐紮在黎陽的李勣聽說李密叛唐被殺的消息後，非常哀痛，爲昔日的領袖身首異處、屍拋野嶺而失聲慟哭，他不避嫌疑，不顧個人安危，上表請求收葬李密，高祖被他的忠誠和義氣所感動，欣然同意。李勣便將李密的屍體從熊耳山山溝中取回，盛斂入棺，並且披麻戴孝，率領全軍沉痛地追悼李密，爲他送葬。不久，河北起義軍領袖竇建德率領大軍進攻李勣，李勣寡不敵衆，力屈而降。竇建德抓住李勣的父親李蓋爲人質，令李勣歸降自己，駐紮在黎陽，以抗拒唐軍東進。

魏徵所要勸降的李勣，正是由於以上的背景，當時作爲竇建德的部下，正駐軍在黎陽。在對李勣的經歷和目前的時局作了一番周密的調查和分析之後，魏徵漸漸有了信心，他自信李勣是可以被說服歸唐的。於是，他從容地寫了一封信，寄給李勣。信是這樣寫的：

「自從隋末天下大亂以來，群雄競起，角力爭強，跨州連郡，不可勝數。魏公李密反叛隋煬帝，奮臂一呼四方響應，萬里風馳，雲合霧聚，很快有了數十萬之衆。大軍的威力影響了半個天下，在洛口大敗王世充，在黎山摧毀宇文化及，那個時候，瓦崗軍眞是傲視群雄，勢不可擋。正當西進關中，直搗京師，揚大旗於西北，飲戰馬於渭川之際，瓦崗軍卻迅速由盛轉衰，昔日有百戰百勝威風的李密，轉眼間成了奔投關中的敗將戰俘。看來，天下政權的歸屬，是自有天定的，而不是靠任何武人憑力氣拼搏得到的。所以李密魏公深知這層道理，感到上帝所認定的天子在西方，是唐帝李淵，而不是他李密，於是便毫不猶豫地率部入關，歸服了大唐。徐世勣先生，您生於天下擾攘之時，對昔日的戰友和領袖懷有深厚的情義，這是可以理解的。在主子已歸降的嚴峻關頭，您還能堅持到底，糾合殘部，堅守一方，這種大無畏的氣概和堅忍不拔的意志，更令我欽佩和感動。因為有了您，王世充盡管是乘勝之軍，也停止了東進行動；竇建德由於怕與你硬碰硬而吃敗仗，也不敢南下。這些足以證明您的威名和勢力，對時局產生了重大的影響，在各派勢力中占了沉甸甸的分量。然而，有多少人開始是非常了不起的人物，威風一時，不可一世，可有幾個人能夠有較好的結局？如今，您的去就選擇，已經維繫著未來的安危命運。若是將您的雄兵和重鎮委託在大唐帝國身上，那前途是極光明的，您及親戚九族都將榮華富貴，子孫享福無盡；若您選擇錯了道路，跟隨了竇建德，那麼前途將是黑暗的，別說親眷子孫，恐怕您自己的性命也難保住啊！歷史上類似的教訓很多，您也應該很明白。目前您處於兵家必爭的要塞之地，應迅速作出決定，當機立斷，而不應再猶豫遲疑，錯失良機。倘若當斷不斷，坐觀成敗，恐有些凶狡之輩，先下手為強，那麼您就被動了，您的一生恐怕就從此葬送了！」

李勣收到這封信，認眞地看過數次，被魏徵的合情合理的分析所打動，毅然決定率部歸唐，並且立即開倉運糧，支援正在河南打仗的李世民的叔父、淮南王李神通的軍隊。正當魏徵欣喜萬分地慶幸自己使命完成、大功告成之時，不料風雲突變，竇建德帶領河北起義軍打到黎陽，一夜之間，縣城被占領，準備回長安覆命的魏徵，落入竇建德的手中。此時作爲唐朝的使臣的魏徵，成了農民軍的俘虜。這是魏徵生平第二次當俘虜。

第二次當俘虜

竇建德捉住了魏徵後，對他反叛瓦崗軍，並且充當唐朝皇帝的說客，先後勸服了元寶藏部隊和李勣部隊的行爲，大爲惱恨，本想立即殺死他而後快，但部下苦苦勸說竇建德，請他念在魏徵昔日追隨反隋義軍，如今降唐也不是他作的主，有迫不得已的苦衷；況且他才華出衆，足智多謀，能言善辯，留他在農民軍中，肯定會有大用。竇建德便饒了魏徵一死，轉而好言慰撫，把他留在軍中，並任命他爲起居舍人。

竇建德在當時也是個名振天下的大豪傑。他出生於北周武帝建德二年（公元五七三年），故取名建德。其父母世代務農，他少年時有膽氣，有勇力，講義重信，在鄉間頗有名聲。他當過里長，仗義疏財，也犯過法。他的鄉親孫安祖被兵役逼得造反一事，牽連到竇建德，官府殺掉了他的家屬，這樣，竇建德也忍無可忍，帶著二百多被強行徵來的新兵一起舉起義旗，投奔高鸛泊起義軍首領高士達，任司兵。大業十二年（公元六一六年）提升爲軍司馬，率兵擊殺涿郡留守郭徇。後來，高鸛泊起義軍的首領們，有的在內部火拼中死去，有的跟隋軍交戰時犧牲。竇建德得以脫穎而出，受到大家的推戴。尤其是他憑藉軍事才能，不失時機地攻占了饒陽，收編餘部，安葬陣亡的農民軍將士，使得士氣大振，不久發展到十幾萬人，攻占了河北地區的許多郡縣。他一躍成爲河北起義軍的總首領。公元六一七年，竇在樂壽（今河北獻縣）稱長樂王，改年號爲丁丑，建立官職，逐漸有了立國規模。次年，在取得了隋末農民戰爭中著名的河間（今屬河北）「七里井大捷」後，竇建德稱夏王，建國號爲夏，改年號爲五鳳，建都於樂壽，後遷都洺州（今河北永年），殺掉稱帝的宇文化及，威震全國。從此以後，全國形成了三大勢力，除竇建德的河北政權外，河南地區有王世充占據洛陽，建國號爲鄭，關中的李淵也稱帝，建國號爲唐。三個方面都在隋朝滅亡後，決心要與對手一較高低，爭奪天下。

魏徵就是在這種局勢下，在黎陽被竇德抓獲，從而成爲河北割據勢力——夏國的一名中層官員。這時他剛好四十歲。

世民馬下囚，建成座上客

武德三年（公元六二〇年）七月，唐朝李世民帶兵出關，攻打洛陽。河南的大部分郡縣已經被唐軍占領，洛陽成了孤城。王世充兩次派遣使者向竇建德求援，竇企圖先跟王世充合作，擊敗唐兵，然後再找機會消滅王世充，並進一步西進滅唐，奪取天下。因而接受到王世充的請求，親率三十萬大軍，水陸並進，援救東都。次年三月，竇建德與李世民之間爆發了「虎牢關大戰」，年輕的李世民在此戰中顯示了卓越的軍事天才，以少勝多，打敗了兵力強大的竇建德，竇本人在戰鬥中受傷落馬，被唐軍俘虜，執送唐都長安，不久被殺。作為竇建德的部下文臣，魏徵自然又一次成了唐朝軍隊的俘虜。不過，在形式上恰與上次入長安一樣，不是在戰場上被士兵生擒押送，而是與竇建德的幾位主要文臣齊善行、裴矩、曹旦等人以及竇的妻子兒女一起，舉夏國所有土地和傳國王璽、官屬向唐朝投降。魏徵在竇建德手下待了近兩年之後，又一次以降臣的身份進人了長安城。

唐武德四年（公元六二一年），魏徵與裴矩等人入長安後，唐高祖已經基本上控制了全國的局面，初步實現了統一。王世充見竇建德兵敗，深知大勢已去，也投降了唐朝。敵對勢力只有江陵地區的小國肖銑政權和竇建德的故將劉黑闥在河北邊境的游擊部隊，唐朝已經算是奪取了天下。朝廷中，自建國起至今的四年裡，相繼受到唐高祖信任和重用的，多半是追隨他在太原起兵的故吏和舊友，如裴寂、劉文靜等；也有一批原隋朝的有名文臣，如蕭瑀、竇威等；另外，登上宰相位置的重臣還有封德彝、陳叔達、楊恭仁、宇文士及等人。當然，真正掌握大權的，除唐高祖外，就要數太子李建成和秦王李世民了。李建成經常在首都長安，輔佐李淵處理軍國大事。次子秦王李世民卻常領兵出征，不斷平定割據勢力，鎮壓各地農民軍，以擴大唐帝國的占領區，功勞巨大，威望甚高。但李建成是長子，按照宗法制度，他應是皇帝李淵的權力繼承者。秦王李世民既有戰功，野心也大，加之他富有極高的政治才能，所以他想當皇帝，因此他們兄弟間爭奪皇位的鬥爭越來越激烈。在雙方鬥爭中，齊王李元吉是站在太子一邊的。他們雙方爲了自己的利益，都積極採取措施壯大自己、鞏固自己、瓦解對方、打擊對方。首先，他們各自都拉攏朝中高級官員，爭取他們的支持。在宰相裡面，裴寂和封德彝支持太子，而陳叔達和蕭瑀卻支持李世民。在地方上，太子李建成和秦王李世民也都設法培植自己的勢力，李世民在平定王世充和鎮壓農民軍時，積極招納山東豪傑和富有政治經驗的學者文人，如房玄齡、杜如晦、溫彥博、李勣、高士廉、虞世南、褚亮、姚思廉、李玄道、蔡允恭、薛元敬、顏相時、蘇勖、于志寧、蘇世長、薛收、李守素、陸德明、孔穎達、蓋文達、許敬宗等。太子建成在河北作戰時，也極力拉攏羅藝，利用他在河北發展勢力。因此，在中央政府中，太子建成處於有利地位，而在地方勢力和人才儲備上，則李世民要勝過一籌。

秦王李世民於武德四年（公元六二一年）平定竇建德，凱旋回京後，政治威望更加提高了。唐高祖爲了表彰世民的豐功，特地加授他爲「天策上將」，位在王公之上，並且領司徒，兼尙書令。而且在當年十月開府置官屬，收納了秦王府一大批心腹親信。沒過幾天，又在天策上將府開館延士，將上述一大批著名人學士收歸自己帳下，這就是秦王府文學館的「十八學士」。太子建成見到李世民這相繼實行的舉措，分外敏感和不安，他感到來自秦王府的巨大威脅，在爭奪人才和收拾人心上，他已經知道自己處於劣勢。於是，李建成開始格外注意物色和收羅人才。恰在這個時刻，魏徵來到了長安，正在無所歸依的情況下，被用人心切的太子建成馬上挖了過去，魏徵經過一番可能性和必要性的審愼考慮後，便願意投靠太子。太子非常高興，立即召他爲太子洗馬，負責管理太子東宮的經籍圖書和文秘工作。太子洗馬在唐代官制中，屬於太子東宮宮屬，由詹事府管理，詹事府各級官員多以儒臣兼領，雖然在名義上有輔導太子之責，實際上與翰林院的性質沒有什麼太大的區別，專以用來位置文學侍從之臣，因此，詹事府沒有什麼具體職掌，空有府名，並不成為一種眞正意義上的機構。詹事府官員有許多種名稱，由高往低依次是：詹事、少詹事、左春坊左庶子、右春坊右庶子、左春坊中允、右春坊中舍人、左春坊贊善大夫、右奉坊贊善大夫、司經局洗馬、詹事主簿、詹事府令史。可見洗馬一職在太子東宮宮制系統中，地位很低微，大概只能夠得上從五品，屬中下級官員之列。可是，數度作為俘虜和降臣的魏徵，在自己極不得志的時候，被太子建成召用，哪怕官職不高，仍然是有感激之情的。何況，作為一介寒儒，又是降臣的身份，能有人要他、安排他就算很幸運的了。當然，魏徵雖然有淒惶之感，但他並不是沒有政治頭腦和經略抱負之輩，更不是有個棲身之地就渾渾噩噩度日混事的人，他尤其清楚唐朝帝國的政局態勢和上層人物間的權力鬥爭以及種種人事糾葛和矛盾。簡言之，魏徵雖然任太子府洗馬之職有被動無奈的意味，但他是以清醒的政治頭腦和充分的思想準備應職上任的，從這一點，魏徵投靠太子李建成仍然是帶有主動選擇的性質。那麼，魏徵是如何考慮的呢？

「敵人的敵人等於朋友」

當時的政局態勢是，李淵為大唐皇帝，他有三個嫡出的兒子，即長子李建成、次子李世民、小子李元吉。高祖建唐稱帝之後，即立長子李建成為太子，次子李世民為秦王，小子李元吉為齊王。按照嫡長子繼承皇位的傳統，李建成是當然人選，這好像是沒有什麼爭議的問題。但在太原起兵、統一全國的一系列戰爭中，李世民的功業遠遠超過了哥哥建成，而世民本人又氣度不凡，具有遠大的政治抱負，他不滿足於僅僅做一個諸侯親王，必然力圖登上權力的頂峰。至於齊王元吉，無論從身份、功勞、能力等哪方面看，是不可能有資格參與最權力的爭奪的。因此，李建成和李世民之間勢必會展開一場爭奪皇位繼承權的殊死鬥爭。這場鬥爭是當時唐朝高層政治活動的主旋律。在這場大搏鬥中，以李世民為一方，以李建成、李元吉為另一方，形成了對壘形勢。那麼魏徵為什麼要選擇李建成這一方呢？其原因是：

第一，建成早已立為太子，高祖李淵雖然這幾年在建成和世民的選擇上常常處於兩難之間，但他畢竟沒有明確表示過廢掉建成而另立太子的意圖，而嫡長子繼位又屬名正言順，所以一般無特殊政治背景的人，把賭注下在李建成一邊，是非常自然的。

第二，李世民手下雖然有很多驍將精卒，但東宮和齊王府聯合起來，與秦王府較量，再加上李淵傾向於太子，他們在力量上應處於絕對的優勢。

第三，據史料記載，站在建成、元吉一邊的還有其他許多小王的母親，如高祖正寵愛的張婕妤、尹德妃等。這部分後宮勢力，是絕對不可輕視和忽略的。

第四，魏徵是在黎陽出差時落入農民軍首領竇建德手裡的，並且在竇的手下做了近兩年事。而竇建德作為河北地區的最大政治軍事勢力，是唐朝統霸天下的過程中最大的對手和障礙。唐朝出關東進的主要敵人就是竇建德，唐政權與竇建德政權之間進行的大決戰——虎牢關戰役，是隋末戰爭中最大的戰役之一，而唐朝進行這個戰役的指揮者下是秦王李世民。換句話說，消滅竇建德、蕩平河北，正是李世民的最大功勛和主要政治資本之一，那麼，作為竇建德的臣下，魏徵怎麼也不敢想像他會被李世民所容納。而李建成與魏徵之間就不存在這種歷史的芥蒂和隔膜，況且李建成與李世民在利害關係上已同水火之勢，那麼李建成就按照「敵人的敵人等於朋友」這一人所固有的思路，自然而然地把魏徵拉了過來，並且「甚禮之」。

第五，封建正統倫常觀念的作用，使魏徵作出擁護太子的選擇。魏徵出身於一個傳統的封建士大夫家庭，李建成是嫡長子，而且確已被立爲太子，他又沒有犯什麼大的過失，皇上也沒有廢除之意，那就應該遵守這個既成的決議，並且去維護他。而不能憑誰的功勞大一點，就要潛越逾矩；誰的能力強一些，就可以不服現存秩序而造反。所以，只要不是李世民的特殊圈子中人，誰都會在道義上站在太子李建成這一邊。

第六，不管魏徵自己願意與否，他都無法與李世民陣營聯繫在一起。一方面是由於魏徵沒有任何關係和渠道進入秦王的圈子，另一方面是秦王府沒有用他的必要性。李世民各方面的人才都很多，而且質量均很高，關係又極深厚可靠。且不說完全令秦王放心的長孫無忌、高士廉等人，他們分別是李世民的妻兄和舅父；即使沒有這層親緣人際關係的其他文士武將，也個個與李世民的關係非同一般，像房玄齡、杜如晦、尉遲敬德、程知節、段志玄、侯君集等，說他們是李世民的「死黨」，一點也不誇張和過分。人才濟濟而且淵源深久的秦王集團，也就根本不會用也用不著魏徵這種既陌生又平凡的普通文人。

魏徵就這樣身不由己地捲入了唐朝最高權力鬥爭的漩渦之中。這場鬥爭由唐高祖武德四年（公元六二一年）拉開序幕，到後來愈演愈烈，直至武德九年（公元六二六年）發展成爲宮門喋血的武裝政變，長達五年之久。魏徵在這場最上層的政治鬥爭中，只不過扮演了一個小小的配角，且又把命途本已多舛的魏徵再一次推到失敗者一邊，再一次以悲劇形象去聽候「貞觀天子」的發落。

魏徵的題目

魏徵進入太子東宮之後，按照他的性格和爲人處世原則，開始了他兢兢業業的本職工作，而且他不怨不尤，在宮中的司經局裡，將太子的所有圖書典籍整理收拾得有條不紊，隨時恭候太子的閱讀和查詢。李建成對魏徵的勤勉和能力，十分欣賞，由於魏徵的吸引，原來並不很愛看書的太子，也喜歡上了這窗明几淨的圖書室，喜歡上室內寧靜雅緻的氣氛，更喜歡上室主人魏徵淵涵睿智的風度和使人深刻明智的談吐。魏徵自知官微份小，但「士爲知己者用」，只要當太子來到司經局，魏徵總是調整精神，全心全意地投入接待他。日理萬機而且憂心忡忡的李建成，當然不是來這裡悠哉游哉閒翻古書的，他是想從魏徵這裡獲得一些應付和操縱當前政局的方略和技能，滿腹韜略、博通經史的魏徵當然不會令太子失望，況且他年已四十，老成持重、嚴謹貞誠的性格和知無不言、言無不盡的作風，更使太子大生好感，日益信任。魏徵的學問很深，思謀也很豐富，但他發言說話從不漫無邊際地一味炫博誇飾，而永遠是針對現實面臨的矛盾主題，進行分析論證，然後得出明確的結論。

魏徵是如何分析當時的時局和太子李建成的任務的呢？我們可以諸多史籍中歸納敘述一下，藉以介紹玄武門之變的本末以及魏徵在這次歷史事件中的主要行跡。

李建成以嫡長子的身份居太子之尊，又在攻克京師長安的重大活動中屢建功勛，同時擔任起協助父皇開國建制的重任，多次留守京師領導文武百官，處理朝廷政務。還有父皇李淵以及重臣裴寂、封德彝等一直支持自己、傾向自己，小弟齊王元吉也是站在他這一邊的，這都是他有利的一面；但在另一方面，如前文所述，在統一全國的戰爭中，他的貢獻與大弟李世民相比，就不免瞠乎其後了。為了在今後的兄弟角逐中多撈些政治資本，改善自己的地位，李建成需要打幾個漂亮仗，爭取在功績上不輸給李世民。恰好這時竇建德舊部劉黑闥再度引突厥兵南下，魏徵與太子府中的同僚王珪便不失時機地建議太子抓住這次機會，立下戰功，做些表現給人看看。

運謀劉黑闥

劉黑闥是竇建德早年的好友，隋末逃亡到郝孝德那裡據山為盜，後投奔李密為裨將。李密的瓦崗軍失敗後，劉黑闥被王世充俘虜，成為王世充手下一員健將。李勣曾在竇建德手下為將軍，一次與王世充打仗時，在新鄉活捉了劉黑闥。從此，劉黑闥就留在竇建德軍中任將軍。他作戰勇敢，計謀也多，於是很快受到重用。竇建德的許多戰役都是由劉黑闥「發奇兵，出不意，多所摧克」。在起義軍中素以「神勇」著稱。武德四年，竇建德被李世民消滅後，劉黑闥逃亡到漳南躲了起來。唐高祖召竇的舊部范願、董康買、曹湛、高雅賢等到京師，準備按才祿用，各授以職。可是這批起義軍將領政治警惕性頗高，他們懷疑唐高祖騙他們至長安，是為了對竇建德的勢力斬草除根，一網打盡。於是重新聚兵造反，經過算命先生的卜測，認為姓劉的人應該當領袖，這批人就去漳南找到了劉黑闥，推他為主。從此，他們先占領了漳南，然後又打下貝州、魏州、瀛州、定州、洺州，各地的故舊士兵和老百姓紛紛起兵響應，不到半年，軍勢大振，恢復了竇建德原來擁有的河北故地。他們又與北方的突厥聯合起來，形成了唐朝在北方的最大威脅，劉黑闥也就成了唐帝國在軍事上的頭號強敵了。秦王李世民、齊王李元吉相繼親率大軍征討過，但均無法消滅掉劉黑闥，反而使其兵勢更盛。武德五年，劉黑闥攻下相州，便建立了政權，稱東漢王，定都洺州。三月份，李世民發動大軍，在洛水之戰中，採用奇計終於大敗劉黑闥，迫使劉逃往突厥。可是「野火燒不盡，春風吹又生」，劉黑闥像草原上的野草一樣，生命力極強，不出三個月，又從突厥南下，捲土重來，很快又拿下定州、洺州、瀛州等廣大河北地區，直接威脅著關中的長安。在這樣的時刻，魏徵認為應該是皇太子出山的時候了，於是，他在武德五年十一月向李建成提出如下的建議：

「殿下但以地居嫡長，爰踐元良，功績既無可稱，仁聲又未遐布。而秦王功業克隆，威震四海，人心所向，殿下何以自安？今黑闥率破亡之餘，衆不盈萬，加以糧運阻絕，瘡痍未瘳，若大軍一臨，可不戰而擒也。願請討之，且以立功，深自封植，團結山東英俊。」

（《舊唐書・隱太子建成列傳》）

這番話雖短，含義卻極豐富。先是毫不掩飾地明確指出了目前的不利形勢，即太子在功績和人心上與李世民相比，處於劣勢。解決的辦法是唯有立大戰功，出大風頭，才能扭轉頹勢，壓倒李世民。這裡，魏徵已經明確地將李世民當作頭號敵手，一切行動都是圍繞著如何壓倒李世民，鬥敗李世民，這是根本目的。而達到這個目的正確手段和最佳方案就是建立戰功，樹立威信。要想立戰功，樹威信，就應該立即向皇上申請率兵出征，去打劉黑闥。劉黑闥雖然勢頭銳猛，但畢竟是糾集過去被唐軍打敗擊散的殘兵亡衆，而且人數尙不多，加之河北地區經濟遭受嚴重破壞，生產不能自給，從外地運糧到河北的路線，又被唐軍截斷，所以，劉黑闥的經濟是極爲空虛有限的。何況在打仗過程中，還可增加自己的指揮才能，廣結天下豪傑，更可以乘機結納和拉攏山東英俊，削弱李世民的人才基礎。一舉數得，太子殿下完全應該出馬！

李建成接受了魏徵的意見，立即進見父皇，請兵出征。李淵遂命李建成爲陝東道大行台及山東道行軍元帥，河南、河北諸州一律受他領導，以齊王李元吉爲副元帥，出兵征討劉黑闥。唐朝大軍開到昌樂縣，與劉黑闥展開了決戰。在戰爭過程中，魏徵一直在太子身邊，幫太子分析軍情，獻計獻策。他提出採用瓦解對方軍心的辦法，宣布除劉黑闥外，其他只要放下武器，一律不加追究。於是，太子用這個方法很快就瓦解了劉黑闥的軍隊，衆多將士紛紛放下武器投降。一個月之後，劉黑闥在逃往饒陽時被活捉，押送到洺州被太子處決了。這次太子出征，不但消滅了劉黑闥，而且乘機在河北一帶安插了許多親信，收買了不少豪強，使之成爲自己爭奪皇位繼承權的有力外援。

魏徵建議的戰略和技術，均取得了圓滿的成果。李建成在魏徵的幫助下，繼續爲皇位的到手進行著不懈的努力。

宮廷陰謀與玄武門政變

武德七年（六二四年）夏季，太子和秦王之間的鬥爭逐漸白熱化和公開化了。太子預感到兄弟仇殺不可避免，於是開始積極進行政變準備。他首先募集兩千多人爲東宮衛士，駐紮在東宮左右的長林門，號稱「長林兵」。又派人到幽州招募了突厥的三百騎兵，進駐東宮中。不料事機不密，被父皇知道了，李淵一怒之下，幽禁了皇太子。太子手下的死黨準備發動武裝叛亂，進行武裝奪權鬥爭。

情況已經萬分危急，李淵一面派人出兵鎮壓，一面找李世民商量對策，並許以鎮壓了這次動亂後，立李世民爲太子。可是，由於李元吉和封德彝以及衆位妃嬪多人多次替太子向皇上求情，廢立之事遂作罷，沒有成爲事實。由此可見，在東宮與秦王府之間的複雜鬥爭，李淵始終是傾向於東宮太子的。而對李世民的基本態度是，利用卻不能信任，並且永遠懷有猜嫌。可以肯定的是，太子未遂政變失敗後，李淵感到了矛盾已經相當激化，形勢迫使他必須在兩方中只能選擇一方，想繼續玩弄平衡遊戲不但太危險，而且已不可能。於是，從武德六年開始，李淵就明顯地站在了太子李建成一邊。但是，由於李世民有平定天下的卓越功勛和一大批忠於他的秦府集團，導致李淵遲遲不便處置李世民；又因爲難於一筆勾銷親生的父子之情，使李淵也不忍對李世民下手。既然父皇不肯親自解決這一矛盾，那就只能由他們兄弟幾個去自行了斷了。

爲了進行最後的較量，必須首先削弱秦王府的實力，瓦解秦王的人才隊伍。齊王元吉採取的第一個步驟是打算收買李世民的心腹大將尉遲敬德，又以金帛賄賂段志玄和李安遠，要拉他們爲太子的黨援，但均因以上諸將對李世民忠心不二，這些瓦解活動均告失敗。第二個辦法是極力分開和調離秦王府人員，以達到消弱李世民力量的目的。太子的第一個目標就盯上了程知節。程知節又名程咬金，時任秦王府左三統軍，追隨李世民屢建奇功，是秦王府一員得力的大將。太子設法把程咬金調往康州擔任刺史，使他離開秦王府。但程咬金拒不赴任，表示要堅持留在長安，與李世民一起共度安危。太子和齊王的第三個步驟是力圖打擊李世民手下的謀士。這方面首當其衝的是房玄齡和杜如晦。房、杜是秦王府智囊團中的核心人物，是太子一邊最感到可怕的敵人，因此，他們在皇帝面前大肆攻擊二人，房、杜遂被皇帝逐出秦王府，並禁止他們私下與秦王見面。

秦王李世民更是針鋒相對，主動而積極地爲奪權鬥爭做準備。武德九年（公元六二六年），他曾派張亮帶領一千餘人，帶著大量的金銀財寶到東都洛陽地區，陰結山東豪傑，同時，他也積極進行拉攏和瓦解太子府和齊王府部下親信的工作，並且取得顯著的成效。

武德九年（公元六二六年）六月，雙方已經是劍拔弩張之勢，武裝鬥爭和宮廷政變已是一觸即發，迫在眉睫了。這個月的一天夜裡，在秦王府的內殿，正在召開著一次非同尋常的秘密會議。與會者有秦王李世民、張孫無忌、房玄齡、杜如晦、尉遲敬德、張公瑾、侯君集等人。

房玄齡首先發言：「目前太子和齊王日夜想謀害大王。一旦發生事變，不僅大王有生命危險，國家社稷也不堪設想。俗話說得好：當斷不斷，反受其亂。現在是箭在弦上，不得不發的生死存亡關頭，希望大王以果斷方式，消除目前的危機和未來的禍亂。」

杜如晦表示完全同意房玄齡的發言。

李世民說：「不知有多少人這樣對過我，難道就一定不能夠避免流血嗎？有沒有其他更好的辦法？」

尉遲敬德激動地發言：「現在和大王最親近的就只有我們這幾個人，齊王還在皇上面前耍陰謀，說我會打仗，要我率領精兵跟他出征。要是我帶部隊離開了秦王府，大禍就會臨頭。請大王快下決心，先發制人，否則爲人所制！」

這時衛士進來報告說太子府的官員王晊求見李世民。王晊是秦王收買了的人，他今夜來定是向秦王秘報太子那邊的重大情況的。

等秦王回到內殿的會議廳，只見他怒氣沖沖地說道：「據王晊密報，太子與齊王已計議好，最近幾天內齊王要出征，想乘衆王給齊王踐行之機，下手殺我。眞沒想到，他們的手段如此狠毒！」

「王晊是我們可靠的內線，他所講的消息當然是千眞萬確的。」長孫無忌說道。

秦王感慨道：「我眞希望這消息不是眞的。」

「大王，先發制人，後發制於人。大禍迫在眉睫，對太子他們別再抱任何幻想了。」房玄齡焦急地勸道。

尉遲敬德也憤然站起，怒聲道：「等太子下手時，大王一切就晚了！假若大王不馬上採取行動，我情願上山去當土匪，不願再跟隨大王了，免得被太子殺了頭！」

「大王不先下手除掉太子和齊王，我們也離開秦王府，上山去當土匪。」另外幾位同聲說道。一時間，群情激昂。

李世民仰起臉，激動地說道：「好！既然如此，我也不違背大家的意志。馬上作好戰鬥準備，隨時採取行動！」

六月四日，終於爆發了驚天動地的宮廷政變。李世民部署的尉遲敬德、長孫無忌、侯君集、張公謹、劉師立、公孫武達、獨孤彥雲、杜君綽、鄭仁泰、李孟常等人率兵預伏在皇宮北門——玄武門內，乘太子建成、齊王元吉二人上朝經過時，將他們殺死。然後入宮迫使皇上立秦王李世民爲皇太子。兩個月後，正式即皇帝位於東宮顯德殿，李淵退爲太上皇。次年，改元貞觀。歷史從此進入了唐太宗時代。

多難識從容

玄武門事變後沒有幾天，魏徵便被李世民派人捉拿歸案。身爲皇太子的李世民對眼前跪著的這位五花大綁的魏徵，既熟悉又陌生，既痛恨又惋惜。他雖然一直沒有與這個中年人打過交道，甚至始終連面都沒有見上一次，但對他的情況卻十分了解。李世民懷著複雜的心情凝眼看了魏徵許久，終於說道：「你這是第幾次當俘虜啦？爲什麼要挑撥我們兄弟之間的關係？」這兩句質問，反映出李世民對魏徵的經歷以及性質的了解和把握。的確，當時已是四十七歲的魏徵，在這次平生第一遭見到大名鼎鼎的李世民之前，已經是第四次以俘臣的身份出現在衆人面前。可是，多災多難，數次受辱的巨大挫折，卻並沒有污損魏徵的人格和品性，反而使他性格更堅強，城府更深嚴，眼光更敏銳，認識更深刻，處世更加從容了。

面對李世民的質問，魏徵的心爲之震顫。他想：大家都知道我多次受俘，我只有悲嘆命運的嘲弄，痛恨人世的不公。四十好幾的人了，歷盡苦難，卻壯志未酬，埋怨和牢騷都已無濟於事。只是好在這一生，我沒有放棄過經邦濟世的理想，沒有停止過對昌明盛世的追求，更沒有曲意逢迎阿諛於權貴，沒有幹過傷天害理的無恥勾當。想到此，他緩緩地站了起來，神色鎮定自若，迎著充滿殺氣的李世民的眼光，慢條斯理地說道：「先太子要是早聽我魏徵的建議，必定沒有今日的結局！況且先太子是我的主人，我不爲他效勞，難道應該爲你效勞嗎？事到如此，我還有什麼好說的！」

這時，在場所有的人都魏徵的話震駭住了：這席話該是何等的大膽！可是魏徵說罷，卻安然地微閉起雙眼，安詳的態度不但使在場的文武臣僚驚詫不已，連李世民也頗感意外，不禁對眼前的這位中年漢子肅然起敬。此人無私無畏，一定是有肝膽有氣節的忠直之士，絕非趨炎附勢、苟且偷生之輩。他命運坎坷多難，中年獲不得志，積累了許多寶貴思想和經驗卻無法獲得傾吐和實用的機會。若對他不加誅責，反而收納信用，他一定會盡性命為我服務。未來的政權，不用這種忠直之臣，難道去重用奸佞小人嗎？況且釋其罪，給以出路，能使天下與我為敵之人看一看我李世民的胸懷和氣度，這對於未來的掌權和治國，是何等重要的事啊！李世民想到此，不知不覺收斂了剛才的怒容，泛出和藹的神情，起身對魏徵說道：「諒你忠直坦蕩，又非逆覺首惡，今天就不加罪於你了。你回去吧，聽候對你的安排。」魏徵這時才感到吃驚，萬萬沒有料到自己在死亡的邊緣上能夠如此安然生返，於是剛才鎮定自若的神情變成了恍惚發呆的模樣，就在這恍恍惚惚中被人拉出了太子宮……

貞觀之治的運籌

「玄武門政變」，只是解決了奪取政權的問題，李世民登極之後，面臨的組建新政權和維護統治的問題，不但不比奪取政權輕鬆和簡單，而是更加複雜和繁重。

初承使命

魏徵在李世民發動的「玄武門政變」之後，以太子黨人的身份，待罪闕下，聽候著處置。當他懷著忐忑不安的心情再一次被人帶至太子府（這時的太子已是李世民了）時，他知道對自己的處理要見分曉了。可是，處理的結果卻讓魏徵萬萬沒有想到：不但宣布不加誅連追究，反而無罪赦免，繼續在太子宮中擔任官職。不過職務由以前的洗馬改爲詹事主簿。詹事府是太子東宮中的最高行政機構，首長叫太子詹事，是正三品的官；副首長叫少詹事，爲正四品官，下面有丞二人，正六品上，主簿一人，從七品上，祿事二人，正九品下。可見，魏徵是個不到七品的下級官職，比原來在李建成手下當司經局洗馬（從五品下）還降了兩級。儘管是降級使用，但畢竟李世民把他由政敵變成了同志，性質發生了根本的變化，這對魏徵的命運，可以說天大的轉折。從此，魏徵做為李世民的手下，勤勤懇懇，兢兢業業，鞠躬盡瘁，死而後已地奉獻了自己的後半生。

魏徵爲唐太宗做的第一件事，就具有重要的現實性和巨大的戰略性。唐太宗即位後，被任命爲諫議大夫的魏徵，即已從戰略的高度分析和總結了全國的形勢，然後找出了急需解決的主要矛盾——穩定政治局面，維護國家的安定團結。這正是唐太宗奪取政權後最關心的頭號問題，自然魏徵的建議引起了他高度的關注和重視。於是，唐太宗問魏徵：「要穩定全國的政局，第一步該如何著手？」魏徵答道：「首先要設法使關東地區安定下來，這是當前最迫切的政治任務。」唐太宗聽罷，不禁暗喜：「魏徵眞是個有頭腦的人，他所講的跟我長期思考的結論竟不謀而合！」唐太宗於是對魏徵的策劃相當器重，因爲魏徵的第一個建議就抓到了要害，抓到了根本，爲什麼這麼說呢？

唐太宗初即位時，國內的形勢並不很好。經濟凋蔽，生產衰敗的現象正籠罩著全國。隋朝在興盛時期的控制戶數曾達到九百萬左右，經過大規模的隋末戰亂之後，到了唐武德末年，只剩下三百萬戶不到了。從貞觀元年到貞觀三年，又遇上連續三年的嚴重自然災難。其次，政局也十分不平穩，建成、元吉的餘黨還散布在各地，其中包括了一些中央和地方的高級官員。在玄武門政變後的數月中，地方上不止一次地出現過變亂。盡管這些局部變亂很快就被平息了下去，但是如果處理不好，引起更大的政治動亂，甚至使新生的李世民政權顚覆，也並不是不可能的。

在全國各地當中，山東、河北是各種矛盾的焦點，問題最爲複雜。第一，這一帶地區是當時生產最先進、經濟最發達的地區之一，但在隋煬帝殘暴統治時期和隋末唐初的戰亂中，這裡受到的破壞也最爲嚴重。直到貞觀六年，這一地區還呈現著一片荒涼殘破的景象，「人煙斷絕，雞犬不聞」。第二，山東、河北一帶是隋末農民戰爭的策源地和根據地，此地區的人民富有鬥爭的傳統和造反精神。唐朝廷最後平定劉黑闥起義是在武德六年，到唐太宗即位只相距三年的時間，李世民對這一地區的人民和許多「山東豪傑」還懷著強烈的疑懼心理，山東豪傑與唐朝統治者之間的關係還處在相當緊張的狀態。第三，當年李建成接受魏徵、王珪等人的建議，藉鎮壓劉黑闥的機會來到河北，致力於結納山東豪傑。從此以後，河北一帶就成爲李建成在地方樹立勢力的重點。建成被消滅以後，河北的許多州縣因爲與李建成的關係而在唐太宗奪取政權後極爲恐懼不安，許多地方存在著一觸即發的動亂因素，這對唐太宗來說，是個極大的隱患。這些隱患一天不消解排除，李世民就一天也吃不香，睡不好。

所以，當魏徵提及這一最敏感問題時，唐太宗急忙要求他拿出解決的辦法來。魏徵非常沉著自信地說：「請讓我去解決山東、河北地區的隱患吧！」唐太宗不禁喜出望外，他很快就答應了魏徵的請求，讓他出任安撫大使。他相信魏徵能夠辦好這件大事，理由是：魏徵本人就是「山東」人士，對那裡的政治、經濟、家族勢力、民情風俗等都有幾十年的生活閱歷爲基礎，了解得十分清楚；其次，他曾在元寶藏、李密、竇建德等數支農民軍中待過，非常熟悉關東各種勢力及其鬥爭關係，許多潛伏隱遁、四散流亡的農民軍昔日首領和主要份子，他有的深交過，有的認識，也有的聽說過，關於農民軍將士們的脾氣、性格、思想、行爲等他是摸得很準確的；他又在建成手下任過職，各地與建成有關係的人，他都比較熟悉。再加上魏徵既有從戎征戰的行伍經歷，又有數十年博覽通涉的文化素養；既有歷盡挫折仍孜孜不倦勤勉工作的作風和品格，又有能言善辯的出衆口才和頗能打動人心的生輝文字，他出使河北、山東，安撫這個地區的人民，穩定局勢，是完全可以信賴的，是一定能勝任的。

魏徵在出發時，唐太宗授命他可以遇到具體問題相機行事的權利。魏徵到了磁州（今河北磁縣）遇到了兩輛去長安的囚車，車上押著李建成的護衛將軍李志安和齊王李元吉的護軍李思行。他們二人都是在玄武門之變後，從長安逃到河北，被逮捕的，此時正準備押解到京師治罪。魏徵看到這種情景，就和他的副使李相客商議說：「我們動身的時候，皇帝已經下了詔令，對李建成和李元吉的部下一律赦免，不再追究了。現在卻把李志安、李思行押送長安治罪，其他的人怎麼看待這個互相矛盾的做法呢？那麼今後有誰還會相信皇上的命令，而不加懷疑呢？這樣，即使我們去河北、山東到處去解釋、去宣傳、去做安撫工作，人家也一定不會相信我們的。現在，要是把他們釋放了，不加追究，不再問罪，那麼在朝廷寬大政策的感召之下，其他人自然會心悅誠服，對皇上的赦令深信不疑，便會自覺歸降，不再造反了。古時候，大夫出使在外，只要是對國家對君王有利的事情，就可以自己做主。我們走的時候，皇帝給了我們見機行事的權利，足見對我們以國士相待的期望和信任，我們也應該以誠摯的心和實際的行動來回報皇上。」李相客非常贊同魏徵的意見，於是立即命令押送的州官釋放了李思行、李志安等人，並隨即給唐太宗寫了處置此事的報告，唐太宗獲悉後認爲他們做得很好很正確。

在唐太宗的支持下，魏徵圓滿地完成了安撫河北的使命，因而更加獲得了唐太宗的信任和器重。等魏徵一回到京城，唐太宗就提拔他當了尚書右丞，仍兼諫議大夫，並封他爲鉅鹿縣男的爵位。從此，魏徵與唐太宗之間君臣關係日善，他的政治生涯步入了一個新的階段。

魏徵之於貞觀帝的意義

魏徵從玄武門之變結束至逝世，從四十八歲到六十四歲這十八年的歲月中，他與唐太宗以及其他諸位貞觀大臣的關係是怎樣的呢？對此，古人已經形成了一種刻板的印象，即那種「主聖於上，臣忠於下，契協雲龍，義均魚水，成百代之楷模，固一時之準的」（王方慶《魏鄭公諫錄·序》）。後人論及君臣關係，莫不以唐太宗與魏徵的「主聖臣直」爲標準榜樣。事實上的情況卻絕非如此單純，我們應從他們二人結合的具體環境和條件去就其關係作一番細緻的考察。

歷代農民戰爭以後，新王朝代替舊王朝之際，往往會出現一些明君和賢臣，但像唐太宗和魏徵二人達到如此高度和諧的境界，卻是歷史上罕見的特例。這是有一般歷史規律之外的特殊原因的。著名唐史專家胡如雷先生曾就此撰文作過專門探討，他認爲，唐太宗李世民生長在戎馬倥傯的歲月裡，前半生幾乎全是在金戈鐵馬的軍旅生涯中度過的。李淵太原起兵後進軍關中，建立唐朝，直到「玄武門之變」前，一直以長子建成爲太子，而李世民只在政變成功後當了兩個月左右的太子，就龍飛九五，登上了帝位。嚴格地講，他沒有受到儲君應當得到的教育和培養，由此就產生了兩個先天缺陷：首先是文化水準低，其次是政治修養不足。對此，他本人也頗有自知之明，如貞觀二年他對房玄齡說過：「爲人大須學問。朕往爲群凶未定，東征西討，躬親戎事，不暇讀書。比來四海安靜，身處殿堂，不能自執書卷，使人讀而聽之。君臣父子，政教之道，共在書內。古人云：「不學，面牆，蒞事惟煩。」不徒言也。卻思少小時行事，大覺非也。」（《貞觀貞要》卷六《悔過》）以後，又在貞觀九年談到：「（朕）少從戎旅，不暇讀書，貞觀以來，手不釋卷，知風化之本，見政理之源。」（《貞觀政要》卷十《愼終》）可見唐太宗即位後面臨著一個迫切的任務，就是進行文化補課和政治進修，尤其以後者爲主。文化補課只不過是政治補課的手段而已。按常理，每個人都是先經歷社會化的過程，然後才能使自己成爲角色；唐太宗卻是先成爲皇帝這樣的角色以後，才開始學習當皇帝的行爲規範，屬於非常特殊的情況。他在即位後做了一些很不得體的事，確實證明他在文化水準和政治經驗還不成熟，即尙不諳君道。在生活上，他先納其弟齊王元吉之妻爲妃，後來又將廬江王李瑗之姬占爲己有，此外還下詔欲以鄭仁基之女爲充華，而該女早已許配陸爽。在政治上，如蜀王妃之父楊譽在省競婢，都官郎中薛仁方「留身勘問」，太宗聽說此事後，竟然說：「知是我親戚，故作如此艱難！」公開爲一己之親的不法行爲辯解和庇護，給正常的政府辦案設置障礙，施加壓力；又有一次有人反映，三品以上官對皇帝特殊寵異的越王有所輕蔑，太宗勃然大怒，說：「我有一言，向公等道。往前天子，即是天子；今時天子，非天子耶？往年天子兒，是天子兒，今日天子兒，非天子兒耶？我見隋家諸王，達官已下，皆不免被其躓頓。我之兒子，自不許其縱橫，公等所容易過，得相公輕蔑。我若縱之，豈不能躓頓公等！」這席話，完全像是鄉間一惡霸地主的蠻橫鬥狠、威脅恫嚇的形象，哪有半點君王的氣概和水準？再如，長樂公主出嫁時，太宗因特別疼愛這個寶貝女兒，就下令有關部門置辦豐厚的嫁資，其價值超過了太宗的妹妹幾倍。類似的例子，不一而足，從大臣的諫疏中不難發現皇帝的許多不成體統之事。因此，唐太宗如不進行政治補課，就不可能眞正懂得作爲皇帝應當遵守的規範，不會懂得皇叔行使的限度在哪裡。

可以爲唐太宗補文化課的人很多，如虞世南、諸亮、姚思廉、歐陽詢、蔡允恭、蕭德言……等人，都「以本官兼學士，令更日宿直」，引入內殿，「講論前言往行，商榷政事，或至夜分乃罷。」（《通鑒》卷一九二）這其中也自然談論了政治，但補政治課，最理想的方式還是要結合皇帝的具體言行，在實踐中藉機說教，這樣最生動、最尖銳、最深刻，也最能打動皇帝。而魏徵既有很高的文化素養，又有忠直的品格，加之口才出衆，應對於朝堂，娓娓動聽；見之於諫疏，文筆生輝。由他來擔任帝王之師是最理想最合適的人選。唐太宗深知自己需要補課教師，如貞觀六年詔中稱：「朕比尋討經史，明王聖帝，曷當無師傅哉？前所講令遂不睹三師之位，意將未可。何以法？黃帝學大顛，顓頊學象圖，堯學尹壽，舜學務成昭，禹學西王國，湯學威子伯，文王學子期，武王學虢叔。前代聖王，未遭此師，則功業不著乎天下，久譽不傳乎載籍。況朕接百王之末，智不同聖人，其無師傅，安可以臨兆民哉？」（《貞觀政要》卷四《尊敬師傅》）他又親口承認，對魏徵是「敬之重之，同於師傅，不以人臣處之。」（《魏鄭公諫錄》卷五《太宗御西堂宴集》）可見唐太宗越補文化課，就越感到自己需要老師。皇帝迫切需要補課的好老師，魏徵便顯示出了價值，顯示出了可貴。

李世民的隱衷

唐太宗之特別需要魏徵，還和他在玄武門之變中逼父退位、殺兄戮弟，在封建道德上違背了忠、孝、悌、恭等原則，有損個人形象有一定的關係。尤其是隋煬帝楊廣弒其父親隋文帝，搶班奪權的醜劇剛剛演過，人們記憶猶新，這就更加重了唐太宗的自責感和內疚感，深恐在人們的心目中把自己歸於楊廣一類。為了在道德上改善個人的形象，不免就要失之東隅，收之桑榆，即力爭成為聖主明君，以資彌補。尤其是即位以後，權力之爭已經結束，在道德上進行自我完善，努力使自己成為名垂青史的皇帝，就成為他價值觀中自我實現的首要目標。早在貞觀之初，魏徵作為諫臣還沒有大放異彩之前，唐太宗就說：「朕看古來帝王，以仁義為治者，國祚延長，任法御人者雖救弊於一時，敗亡亦促。即見前王成事，足是元龜，今欲事以仁義誠信為治。」（《貞觀政要》卷五《仁義》）魏徵的政治思想與太宗的政治需要一拍即合，這是君臣建立良好關係的現實原因之一。爲了上演這樣的政治劇，並要取得戲劇性的效果，單靠皇帝一個獨角難以成功，須有大臣扮演配角活躍舞台，而這個大臣必須是忠直賢良之輩。唐太宗深知：「爲政之要，惟在得人，用非其人，必難致治。今所任用，必須以德行、學識爲本。」（《貞觀政要》卷七《崇儒》）魏徵這種人恰好是二者兼備，尤以德行出，是扮演這種配角最理想的人選。唐太宗在與魏徵的默契配合下，確實達到了在政治上、道德上自我實現的目的，逼父遜位、戮殺兄弟的醜惡形象大大地被沖淡，甚至被人們遺忘了。

魏徵必須有英明的君王好讓自己盡忠；唐太宗也需要帝王師傅爲他補課，需要忠直諫臣與他同台演出，二人確實是互相需要而又水石相投，由此便能建立魚水般的不尋常關係。歷代史家在歌頌他們二人的君臣關係時，不免產生「暈輪效應」，即把二人之間關係的光明面無限誇大，從而忽略了事物的負面，這就難免使後人形成片面性印象。

就情理而言，魏徵作爲忠直的諫臣能夠傑出地盡職極言，那只能是以後的事。唐太宗當初任命他爲諫議大夫時，對魏徵以後的表現並不能有準確的預料。

玄武門之變剛剛結束，太宗先後以魏徵和王珪爲諫議大夫，顯然是出於如下的考慮：二人均屬太子建成的心腹，不宜未加考驗就委以重任，而諫議大夫一職毫無實權可言，把他們安排在這樣閒散的職位上比較放心。只是魏徵深知自己的特殊身份，他不敢有非分之想，能得到這樣的職務已感萬幸，至少已表明皇上開始不把他當敵人來待。於是，爲了證明自己在政治品質和思想水準上確實是一個忠直可靠的對象，魏徵就採取了非常現實的態度，爭取在現職上盡心盡力好好表現，充分地讓一個只要思維正常的皇帝就能辨別的誠意去打動唐太宗，讓他眞正信任自己，在此基礎上再逐漸開展政治前途。正是在這樣的心情支配下，他夙興夜寐，兢兢業業，誠心誠意，竭盡忠心，以求在政治生活中表現自己的品格和能力，希望皇帝對他有朝一日的賞識和信用。

不輕不重

貞觀元年夏秋之際，魏徵被任命爲尚書右丞，仍兼諫議大夫。尚書省是掌國務大權的最重要部門，但魏徵任這一職務仍不能說明他就已經得到重用。當時，尙書省的左僕射是蕭瑀，右僕射是長孫無忌，均爲魏徵的頂頭上司，地位比他顯赫得多。其他兩省的長官，門下省的侍中爲高士廉，中書省的中書令爲房玄齡，都是事實上的宰相，而且論級別也要比魏徵高一品。唐代尙書左右丞中，左丞爲四品上等，右丞爲四品下等，左丞比右丞地位要高，當時戴胄爲左丞，魏徵以右丞而居其下，可見其地位還趕不上戴胄。戴胄過去的經歷比魏徵要體面得多，他曾在隋朝末年的朝廷中小有名聲，當時的重臣蘇威、裴矩都對他很客氣、很看重，也當過越王楊侗的給事郎，以抗言敢諫而聞名。後成爲王世充的鄭州長史，在武牢關大戰中被李世民俘獲。這一點與魏徵倒是有點相似，只不過有個重要區別處：魏徵自虎牢關兵敗降唐後，投奔的是太子李建成；而戴胄降唐後直接被李世民納入秦王府集團之中，被委任爲秦王府士曹參軍。玄武門之變後，被提升爲兵部郎中，封爲男爵，旋及又被提拔爲大理寺少卿，一躍而成爲中央司法審判機關的主要領導人之一。貞觀元年，也以敢諫忠直的風格而使唐太宗稱賞不已，所以把他調到尙書丞的崗位上來，協助宰相們執法斷事，參議得失。次年，杜如晦以兵部尚書檢校侍中，並兼管吏部，不久又當上尚書右僕射。上述幾個人中，長孫無忌是唐太宗的妻兄，高士廉是長孫無忌的舅父，房玄齡和杜如晦則均屬於原秦王府的心腹之臣。貞觀時期，尤其是初期，房、杜二人共掌朝政，當時的政治體制、官制和典章制度都由他倆制定，在當時享有極高的聲望，被人們稱為「房杜時代」，就政治格局而言，可以說當時實行的是「房杜體制」。而魏徵在上層政治圈內，面對著皇親國戚和李世民的秦王府舊部，面對所謂的「房杜體制」，他只有自愧弗如，徒生豔羨而已，在政治角力較量中是沒有多大能量的。大致上，他除了在朝廷上發發議論，講講君道王制以動聖上的視聽之外，就只有在尚書省裡秉承首長們的指示，辦理一些兵、刑、工三部的例行公事而已，不可能再有什麼作為。王珪和魏徵一樣，也屬於原來的太子建成手下的東宮官，但到了貞觀年間，蒙受的提拔晉用也跟魏徵有所區別，並不同步。貞觀元年，李世民即位之初，王珪就以黃門侍郎的清貴要職參預朝政，進入到中央上層圈子中了。第二年，就提拔為門下侍中，成為門下省的首長，躋身入宰相的行列。而魏徵直到貞觀三年才開始參與朝政，但職務只是一個秘書監。遲至貞觀七年，才爬上門下侍中的位置，總算過了正式宰相的癮。這些事實說明了唐太宗對待王、魏二人並不一樣，而是有所軒輊的，即對王珪的重用超過了魏徵。這可能與王珪的出身要比魏徵高貴、過去的官職也要比魏徵高級一些有關。魏徵在貞觀朝經歷了長達七年之久的考驗，才進入上層最高權力集團，這對任何人來說，都是難熬的。

再從魏徵初進宰相班底時，整個宰相班底的陣容情況來看，他的處境也很不利。當時房玄齡任尚書左僕射（第一宰相）已達四年之久，而且地位十分穩固，威望正如日中天；右僕射是李靖，他在李淵攻克長安之初幾乎被斬首，全靠李世民再三求情免死，才保全了性命，所以被李世民召入秦王幕府後，誠心竭力，成為李世民打天下南征北戰時最得力的軍事指揮家，他與李世民這種深厚的恩情舊誼的緣分，使他能夠毫不費力地在貞觀二年就以刑部尚書的本官兼任中書令，迅速進入最高權力圈。得以參預朝政的還有右衛大將軍、兵部尚書侯君集，檢校吏部尚書戴胄。前者在李世民當秦王時，就早已被引入幕府，數次南征北戰，漸蒙恩遇，玄武門之變，他是策劃者和核心參與者之一，所以貞觀四年就能進入宰相班底；後者先後擔任過兵部郎中、大理少卿、尚書左丞、民部尚書、吏部尚書等要職，一步一個台階，貞觀四年時也踏進了宰相的廳堂。以上幾人在貞觀以前都與李世民有特殊關係，都有特殊背景和雄厚政治資歷，而且沒有什麼政治嫌疑，皇帝對他們的信任和重用都超過了魏徵。

在「房杜體制」時期，房玄齡一直任左僕射，杜如晦則擔任右僕射。杜如晦貞觀四年去世後，由李靖接替這一職務達五年之久。後來溫彥博繼任二年，接任者為高士廉。直到魏徵去世那年（貞觀十七年），仍然是房玄齡當左僕射，高士廉當右僕射，而魏徵一生都始終沒能當過僕射之職。「房杜體制」即使是在杜如晦英年早逝的情況下，也沒有變成「房魏體制」，就充分證明了一個事實：魏徵在貞觀朝的實權一直不能與房玄齡、李靖、高士廉等人相比，更無法與長孫無忌等人相提並論了。大致從貞觀七年他任侍中後，他在政事堂會議上的發言權才稍有改善。

君臣心事

魏徵任侍中之初，本來對他是一件莫大的喜事，但他卻以眼力不佳爲由，數次打報告要求辭去這來之不易的宰相之位，而且還當面向唐太宗提出辭職的申請。這到底是怎麼回事呢？是魏徵由衷地不想當侍中嗎？是他的眼睛果眞有疾病，健康方面的欠佳導致他工作受到影響了嗎？爲什麼要一再地辭卻侍中的官職呢？《舊唐書．魏徵傳》中有幾句話道破了個中奧秘：「徵自以無功於國，徒以辯說，遂參帷幄，深懼滿盈，後以目疾頻表遜位。」即自己感到在唐朝立國、平定天下時沒有什麼戰功，在玄武門之變的新舊轉換之際也沒有任何功績可言，光靠幾條建議，說一些話就進入最高權力層，是註定要被見外的。一種無法排除的孤獨和自卑，令他退卻和逃遁。使魏徵變成如此表現，唐太宗是應該負主要責任的。君臣之間合作了七年之久，依然讓魏徵時時痛感身是客，無法與皇上及一班同僚達到水乳交融的境界，並非純因魏徵過於敏感，疑神疑鬼，而是眞眞切切地存在著他與唐太宗及秦府舊屬們之間的無法克服的心理隔閡和身份障礙。儘管唐太宗從理性上認識到君臣之間應以誠信相處，號召大家不計前嫌，精誠團結；魏徵在口頭上也經常強調君臣之間不應存形跡和芥蒂，而事實上雙方並不可能完全做得到。雙方疑忌之事是根除不掉的，魏徵的身份和昔日的經歷，在唐太宗心頭，總是一團永遠抹不去的陰影。在玄武門之變中奪得皇位的唐太宗，亦清楚地知道，他在政變中能夠致勝的重要原因就是秦王府的文武心腹們能精誠團結，所以，對魏徵並不能完全信任和重用，是符合情理的。

唐太宗與魏徵之間一直存在的這種戒慎之心，有時便很自然而然地暴露出來，甚至還出現過相當緊張的情景。例如太宗曾向皇后吐露過想殺掉魏徵的念頭，幸好經皇后巧為勸解，才使魏徵的性命化險為夷。還有一件君臣關係險些徹底惡化的事情，卻鮮為人知，不妨在此簡略介紹一下。據《魏鄭公諫錄》卷五《太宗移舊閣》篇中記載：唐太宗正在移建一座舊閣，魏徵認為欠妥，太宗卻以為這是在「謗我作望陵台」，魏徵其實是覺得此項工程，用十車銅，不免奢侈浪費一些。唐太宗卻在盛怒之下，對魏徵產生了敵對思想。他的這種看法不僅沒有在事後消除，甚至跟另外的大臣杜正倫談及，性質顯得很不簡單了。他說：「魏徵與我的關係，並不是原來秦王府舊部下的那種老關係，是我從罪犯中把他赦免出來，給他出路，送他富貴前程的。我只不過看在他能夠諫諍，所以對他如此之好，可是他卻不知天高地厚，自以爲是什麼東西！照他那想法，好像國家不重用他，這國家就不好；我不聽他的，我就不講道理！自古以來的賢君明王，沒有魏徵，也照樣創造出太平之世。我今天難道少了他魏徵，天下就沒有了？」看來，只要遇到不愉快的時候，唐太宗就要揭魏徵的老底，撕他的傷疤，把魏徵在歷史上做過降虜、當過東宮黨人的經歷不時掛在嘴上。上述這件因移建一座舊閣而引起的齟齬，發生在約貞觀十七年間，經過那麼長時間的相處，唐太宗還沒能根本扭轉對魏徵的疑防態度，可見玄武門之變時的職營關係仍然像永不消逝的魔障，存留在唐太宗的記憶之中。成見，是一種多麼可怕的東西！魏徵終其一生始終沒能掌握國家政務大權，恐怕就是由於君臣間的這種特殊關係所致。

士爲知己者死

李世民即位後於第二年（公元六二七年）改年號爲「貞觀」，對全國統治達二十三年之久，直到去世，「貞觀」的年號一直沒變。在這二十多年的時間裡，唐朝在各方面取得了顯著的成就，成爲中國封建社會歷史上的一段黃金盛世。歷代人對太宗這一統治時期的政績和功業大加贊頌，稱之爲「貞觀之治」。導致這一局面出現的原因是多方面的，既有賴於唐太宗的英明領導，也有賴於無數臣民的共同努力。「貞觀之治」是當時君臣齊心協力、精誠合作的產物。而從貞觀元年到貞觀十七年，魏徵以諫臣的身份，向太宗提出了大量的建議和意見，發表了許多言論，從而構成了魏徵的學說和思想體系，也形成了唐太宗時期的國策和路線。

前面已經講過，魏徵在「玄武門之變」後，是以東宮黨人的罪犯身份出現在唐太宗面前的。好不容易得到唐太宗的寬大和原諒，但原秦王府舊部中的許多人卻不原諒他，像魏徵這種昔日的敵人，如今在新政權裡，本應是戰戰兢兢地服從指揮，老老實實地做人，可是他才剛被任命為詹事主簿、諫議大夫這點芝麻大的小官，就不知天高地厚，在奉命宣慰山東時，竟敢擅自作主，私放建成黨羽，回京後不但沒有受到處理，反而藉著一番花言巧語，博得皇上的表揚和贊許，這眞是太不像話了！可是，儘管那班秦府舊屬忿忿不平，但因為有唐太宗的肯定，他們也只好憋住這口惡氣，隱忍在胸，沒有向魏徵去發洩。魏徵並沒有在乎朝中人們的心情和態度，他的確有些旁若無人，一涉及到事關眞理與謬誤、大是與大非時，他就顧不上自己的身份和地位，按捺不住自己的秉性，定要挺身上前，爭個高低，辯個究竟。例如，唐太宗剛即位的時候，召開了一次朝廷百僚大會，會議議程之一是討論「教化」問題，即經過十年大亂之後一個百業凋蔽、萬戶殘破的社會如何治理和振興？這種社會狀況之下的人民該如何去統治？對此，唐太宗當時也是心中沒有一個底，信心很是不足。魏徵針對唐太宗的憂慮和擔心，提出了自己的看法：「長期處於和平安定社會中的人民，容易生出驕狂和怠慢，這樣就不好去教育和管理了；遭受過戰亂的人民，愁苦不堪，而發愁吃苦的人最嚮往和平安定，所以最聽話，最容易教育和管理。因而大亂之後治理國家，就像餓極了人渴望吃東西一樣，來得更快、更自覺。」唐太宗認爲很有道理，但卻認爲：「善人治理國家也要經過百把年的功夫，況且在今日？」魏徵不同意，他認爲：「聖明的治理國家，就像聲音立即有回響一樣，一年之內必可見到效果，三年見到成績都太晚了，哪用百年？」當時的宰相封德彝認爲魏徵在吹牛，唱高調，勸唐太宗不要聽他的話。封德彝認爲：「上古以來，一直到今，人心一天比一天變得奸詐，秦朝想用嚴刑峻法，漢朝想用霸王之道，都想把人心收拾過來，但都沒有成功，要是能夠教化過來，他們難道不想去教化嗎？魏徵只是一介書生，不識時務，妄談高調，若聽從他的說法，國家必敗！」魏徵不顧地位的懸殊，毫不被宰相的高位嚇退，針鋒相對地質問封德彝：「古代黃帝征蚩尤，高陽征九黎，湯伐夏桀，武王伐紂，都能達到天下大治，他們哪一個不是在天下大亂之時創造出大治社會的？如果按照封大人的論調，人心今不如昔，一天比一天變壞，那麼今天的人民都可以成爲魔鬼了，還談什麼治理國家呢？現在的問題是採用什麼辦法治理國家，而不是人民能不能教化和治理。」由於唐太宗採納了魏徵的意見，幾年之後，收到了預期的效果。關於教化問題的討論，具有非常重大的意義，其結論被唐太宗作爲貞觀時期制定國策的理論基礎，對數十年的全國大政方針產生了不可估量的影響。

當然，並不是單靠這次關於教化問題的討論中魏徵的一席發言，就輕而易舉地占了上風，打動了皇上。魏徵在此之前，就曾殫精竭慮地爲大唐帝國的立國之本和統治政策的制定，作了大量的理論準備和思想建設工作。這種準備工作也絕不是自「玄武門之變」以後才開始的。據史料記載：「徵亦喜逢知己之主，思竭其用，知無不言。太宗嘗勞之曰：『卿所陳諫，前後二百餘事，非卿至誠奉國，何能若是？』其年，遷尚書右丞。」（《舊唐書》卷七十一《魏徵傳》）「使還，帝悅，日益親，或引至卧內，訪天下事。徵亦自以不世遇，乃展盡底蘊無所隱，凡二百餘奏，無不剴切當帝心者。由是拜尚書右丞，兼諫議大夫。」

王道與仕途

由於魏徵越來越受到唐太宗的信任，就遭到了一些大臣的不滿和嫉妒。魏徵不但在關於教化問題辯論中成了得勝者，又在有關以威刑肅天下的大政方針的討論中，以否定的態度，推翻了以威刑爲主統治人民的主張，提出應推行以愛民厚俗的王政。唐太宗再一次站在魏徵一邊，同意了他的主張。那些像封德彝一樣持不同政見者，對小小的魏徵如此鋒芒畢露，咄咄逼人，早已心存不快，如今幾次三番，恃寵放言，據理力駁，挫敗大臣的建議，頂回上司的計劃，更是引起許多人的怨恨。魏徵這個人眞的應了「大智若愚」的成語，他在政治上的大智大慧，對國家興亡和社會盛衰的遠見卓識，歷史早就公認了他無愧於「大政治家」的稱號。可是就是這個精通政治的大家，卻對於政治圈子裡的小氣候、小手段、小伎倆、小糾葛、小陰謀等，是那樣地一竅不通，有時甚至到了傻乎乎的程度。他不會察言觀色、不會見風使舵、不會阿諛逢迎、不會拉幫結派、不會投機取巧、不

106-□□

台北市新生南路3段88號5F之6

揚智文化事業股份有限公司　收

廣告回信
臺灣北區郵政管理局登記證
北台字第8719號
免貼郵票

姓名：

地址：　　市　　鄉鎮
　　　　縣　　市區
（請用阿拉伯數字書寫郵遞區號）
路（街）　段　巷　弄　號　樓

電話：（　）　　FAX：

□□□-□□

會兩面三刀、不會欺上瞞下、不會防嫌避忌、不會明哲保身……他的現實表現，一點也不像個政客，而是一個道道地地的書生！他的書生氣其實是有家庭傳統的，甚至有些遺傳因素在裡面，魏徵的少年不事生產，讀書興趣大，且不是潛心儒學，鑽研一經，而是多所通涉，泛讀典籍，尤其是喜歡研究縱橫之術，說明他落拓不群，志向甚高，理想成分很重，他的青少年時期的突出表現，就是總把學問當成政治。而一旦投入政治，他又以執著的秉性去探索政治的眞諦，而忘卻自己身處俗世和人事的複雜紛擾，甚至不顧個人的得失成敗，一味地把政治當成學問去對待。這種在追求理想、抒發志向時把學問當成政治；在面臨現實、對待事業時又把政治當成學問的表現，是魏徵富有濃厚的書生氣的典型反映。不獨魏徵，中國傳統的知識分子本性莫不如此，自古至今，概不例外！

魏徵的這種不拘小節的性格，不顧嫌疑的磊落行為，唐太宗是理解的，欣賞的。但並不是所有的人都理解，都欣賞。他由一個有罪的前太子黨人一躍而成為尙書右丞，一下變成能夠經常出入皇上寢宮臥內的寵信之臣，成了唐太宗幾天不見就有點想念的有分量的大紅人，至少導致了三個方面的人心中不快和不滿。一類人是封德彝之輩，這種人陰險狡詐，詭計多端，早在隋朝廷做官時，就以會耍詭計、玩手段而著稱。封德彝這樣的人談不什麼仁義信用，而只是靠熟悉前朝典章制度，精通官場人事和文章而進入唐朝高層權力集團，但在唐太宗即位後沒有做出什麼顯著成績和建樹，全靠善於逢迎主上，傾軋同僚而保住地位。他在朝堂上的觀點遭到魏徵的駁斥，一個高高在上的宰相竟敗在小人物魏徵的手上，焉有不痛恨之理？好在封德彝也是不唐太宗的舊部親信，而且在上層人物中人緣極差，況且行將就木，日薄西山，是李世民將要遺棄的無用元老，所以他對魏徵還不太構成多大的麻煩和威脅。

另一類人就是原秦王府舊屬諸大臣。他們當中主要人物是房玄齡、杜如晦、長孫無忌、高士廉、尉遲敬德、程知節、褚亮、虞世南等一大批文武舊部。唐太宗剛即帝位不久，房玄齡就作爲這批人的代表，向唐太宗提意見：「秦王府老部下中許多沒有被提拔升遷的人，都充滿了牢騷埋怨之情，說他們侍奉在皇上左右那麼多年了，出生入死，肝腦塗地，堅定不二，忠心耿耿。如今安排官職，卻還比不上前太子宮和齊王府裡的人，眞讓人寒心，大家心裡實在想不通啊！」這裡所指的原太子宮和齊王府舊黨，顯然包括了魏徵、王珪、韋挺等人。原秦王府舊屬諸人認爲他們才是唐太宗的嫡系，是名正言順的政權接管者，是有充足理由享受高官厚祿的。不料唐太宗對人事的安排並沒有像他們所想的那樣，純粹地按一朝天子一朝臣的思路去做，並沒有全用舊部，盡除異己；而是酌情而定，適當地閒置了一批自己過去的忠誠部屬，而大膽提拔進用一些從前的「敵對」、「異己」人物。政權班底的組建和人事組織的安排歷來是政治性最強、最敏感的問題，是一切人最爲關注的重中之重。唐太宗不僅留用了魏徵等人，而且還日益信任和重視；那些在新政權建立後即被閒置和冷落的人，自然把對老主子李世民的埋怨和不滿轉移到魏徵等人身上，並且由埋怨和不滿激化成爲憤怒和仇恨！要不是有唐太宗的出面解釋和極力維持，秦王府那幫老部下早就將魏徵等人趕出京城，甚至會動手把他們一刀劈成幾段！

唐太宗是不會讓自己的昔日嫡系部下們過分地放肆的。他深諳人君馭人之術，往日的功臣，不能讓他們過分抱成一團，形成一個無法駕馭的勢力，而是要採取適當的抑制政策，削弱他們在新政權中的比重；對於昔日的敵對勢力和異己力量，則盡可能施以恩惠，示以寬大，適當吸收一些德才兼備的有用之士，來弱化或消除敵對勢力對新政權的仇視和疑慮，盡可能團結一切能夠團結的人，盡可能化不利因素爲有利因素。況且將這樣的人引進一些到新政權裡，還可以起到抵制老部下和心腹嫡系力量的作用，以達到權力平衡，由皇帝自由調節和控制的目的。當然，唐太宗內心所想是一回事，卻不能實話實說，嘴巴上講出來的話，必須冠冕堂皇：「君王必須至公無私，才能讓天下人心悅誠服。朕和你們每天所吃的飯，都是人民給的。設官分職，都是爲了人民，本應選擇賢才而任用，豈能夠以是否嫡系，是否老部下而分先後主次呢？如果是德才兼備的賢人，哪怕沒有背景我也要任用；若沒有什麼本領又無德行，哪怕是我的老關係，也不能提拔重用他。今天，你們不管人本身德才行不行，只看到過去的部下沒有被重用就牢騷滿腹、埋怨不已，這還成什麼體統？你們還考慮到國家的利益嗎？」

第三類人是某些皇親國戚，也不滿魏徵的「小人得志」。比如唐太宗的叔父淮安王李神通，不但看不慣魏徵這類在打江山、建立國家的過程中一天仗都沒打過的一介書生，光靠給皇上寫幾條建議就漸漸走紅；他甚至連唐太宗最重要的謀臣和心腹房玄齡、杜如晦等重臣，也瞧不起。當唐太宗登上帝位，大封功臣之時，李神通就當著文武百官的面向唐太宗提意見，對功臣的排列先後和功勛的大小評定提出反對性看法：「臣舉兵關西，首應義旗，今房玄齡、杜如晦等人專弄刀筆，功居臣上，臣竊不服！」魏徵連爭功的資格都沒有，李神通自然更不把他放在眼裡。可是，短短幾個月之後，情況竟發生這樣大的變化。昨天還在開國功臣中連名字都找不著的魏徵，今天卻可以人模人樣在朝堂與宰相爭辯國家大事，甚至能夠在皇上面前昂首挺胸，侃侃而談，敢對國家大政方針指手劃腳、評頭品足！而像自己這樣尊貴無比的皇叔、昔日浴血奮戰的開國元勛，卻遭到了皇上的冷落，在國家的大是大非上，根本沒讓自己參預討論和發表意見。難道居功至偉、親貴威嚴的王爺竟比不上一個尚書右丞，眞是豈有此理！

忠良之辯

三股源流不同的洶洶之水，一齊向魏徵湧來。可是純樸無邪的魏徵依舊在做他想做的事，絲毫未理會這些來自暗處的算計和陷害。自己剛剛在政壇站穩腳跟，幾道諫疏被唐太宗欣然採納了，他就抑制不住興奮之情，開始以天下爲己任的架勢，知無不言，言無不盡地盡情敞開心扉，向皇上坦露自己的一切，甚至還越俎代庖，不顧自己的官位低微，還向皇上薦舉起人才來了！貞觀元年，他上表極力推薦杜正倫，認爲這個人古今難匹，是個棟樑之才。唐太宗同意魏徵的推薦，立即任命杜正倫爲兵部員外郎。那些早就恨著魏徵的人，見魏徵竟然干預起朝廷的用人大權，就再也按捺不住了，於是他們尋找藉口，認爲魏徵是在爲親戚謀私，爲了拉幫結派，樹立朋黨，向唐太宗告了魏徵一狀。唐太宗聞奏大驚，急忙責成最高監察官御史大夫溫彥博專門調查處理魏徵一案。溫彥博煞有介事地調查一番，自然毫無結果。杜正倫與魏徵屬八竿子也打不著的關係，不但根本沒有親戚關係；再從政治背景上看，杜正倫原屬秦王府文學館的學士，與前太子黨人、齊王府舊部也沒有半點瓜葛。所以，說魏徵薦舉杜正倫是「阿黨親戚」，完全沒有任何證據，純屬造謠誣陷。可是溫彥博與那幫暗恨魏徵的人一樣，對魏徵也有一種難以言狀的抵觸和反感，可能是出於文人相輕的陋性，自己早在隋末已是文名滿天下，那時誰認得你魏徵這個內黃縣的鄉巴佬？如今憑幾篇奏議論疏就打動了皇上，不知天高地厚大發議論，膽敢指點江山，評點國是，連封德彝這樣的老前輩也敢頂撞，眞是個狂妄之徒！也可能是出自同僚的嫉妒之心，儘管自己從年齡、資歷和當前的地位上看，本沒有必要去嫉妒各方面不如自己的人，但他還是出於一種從骨子裡輕蔑魏徵的偏見，看不慣魏徵的得志。因爲魏徵不是出身於士族顯宦之家，也沒有值得炫耀的功名和聲譽，沒有卓著的功績，單靠一張嘴皮一枝筆，輕而易舉地獲得了機遇，太便宜他了。於是，溫彥博在無法抓住魏徵的任何把柄的遺憾之餘，仍毫不留情地向皇帝奏了一道：魏徵雖然沒有「阿黨親戚」的確鑿證據，但他爲人處世「不存形跡」，是非常錯誤的，望皇上仍然要對他嚴加處理。

「不存形跡」是什麼意思呢？用現在的話來解釋，就是不顧忌自己的言行，不注意影響力，即使沒犯什麼錯誤和罪過，但是爲人處世不考慮分寸，惹得別人有想法、有意見，所以，仍應看作一種毛病，一種缺點，甚至是不能容忍的錯誤！說穿了，用「不存形跡」來攻擊魏徵，是對魏徵懷有仇嫉的人陰暗心理的典型表現，找不到眞憑實據，就捕風捉影；連風影都捕捉不到，就只好用莫須有的東西來攻擊，達到洩憤解恨的目的。儘管唐太宗也發覺出這種結論的無聊和荒唐，但擋不住衆口一辭，奈不了群言洶洶，明知對魏徵有些委屈、冤枉、不公正，卻依然迫不得已地在奏本上大筆一批：「希望魏卿今後要注意形跡。」並且指定由溫彥博去對魏徵進行批評教育。魏徵見唐太宗的表態和批示，不禁大爲驚詫和難過。其他任何大臣官員，對他誤解也好，不滿也罷，甚至因仇恨和憤怒對他誣蔑、誹謗、羅織罪名，他都可以不去計較，不去理會，都可以泰然處之，從容受之。可是唐太宗竟然也表達了同樣的態度，明令自己從今往後不得不存形跡，這可讓魏徵受不了。身爲皇上，口銜天憲，萬歲爺一句話，就是億兆臣民不可違抗的天條呀！現在連你也不辨是非，照著別有用心的佞臣的話，依樣畫葫蘆地指責我「不存形跡」，我到底犯了哪一條哪一款？憑什麼要忍受這莫須有的罪名？況且，某些臣僚居心不良，執法不公，辦事不當，尙可容忍不去計較，因爲影響有限，危害不大。倘若是皇上苟且因循、不辨是非、言有疏忽、行有閃失，卻事關重大，非同小可了！皇上對我下了如此的結論，作爲個人來講，犧牲些名聲，損失些體面，背負些委屈，承受些冤枉，經些打擊和磨難，甚至丟官去職、身陷囹圄，我都可以認了，都可以不在乎，不出聲。可是，這樣的做法，分明已不只是我魏徵個人是非榮辱的問題，而是關係到一個國家、一個君王如何分辨忠賢、判斷是非的問題，關係到天下臣民行爲規範的趨向和標準，關係到到底要提倡什麼樣的工作作風、辦事原則、做人標準和社會風氣的問題。因此，魏徵不能無聲隱忍，他要向皇帝表明自己的看法，他也同樣要求皇帝就此事給個說法，將這一切的是是非非搞個清清楚楚、明明白白！

沒過幾天，魏徵等到了一個人見唐太宗的機會，果眞就此問題向皇上開展了論戰。他開門見山地表明了自己的觀點：「臣聽說過君和臣之間要想協調默契，必須有共同的思想和感情這樣的道理。要是君臣之間、上下之間，不顧國家利益，不講大是大非，而只注意『形跡』，都時刻考慮什麼分寸、影響，老想著每做一件事，每說一句話，別人會怎麼看、怎麼想，長久下來，每個人必將顧慮重重，放不開手腳，又怎能全心全意、無私無畏地替國家辦事效勞呢？那麼，這樣的局面下，國家的前途命運是何結果？是興是亡就沒辦法說了。」唐太宗是何等聰明之人，他馬上反應過來，說道：「朕已經明白了，對前幾天說的話，朕已經感到後悔了。」說完，唐太宗便做沉痛悔過狀，和顏悅色地望著魏徵，眼中還流露出期求原諒、盼望和解的神色。可是倔強的魏徵卻並不就此罷休，自己的心願還沒有表達完整。只見他上前一步，彎腰下拜，然後滿臉嚴肅地對唐太宗說道：「希望陛下讓我做個良臣，不要讓我做忠臣！」聽著這一字一頓的話，看著這嚴肅萬分的臉，唐太宗不由心裡一陣慌亂，一下子被弄迷糊了，不禁急切地問道：「做良臣、做忠臣都是好事呀！愛卿怎麼說出這樣的話來？難道忠臣與良臣有什麼區別嗎？」魏徵依然滿臉深沉地鄭重回答道：「兩者當然不一樣。比如舜時的后稷、契、皋陶等人屬於良臣，而像夏末的關龍逢、商末的比干等人就屬於忠臣。做良臣是本人獲千古美名，君王也光耀百世，君臣兩全齊美，子孫代代相傳，福祿綿長無疆；而忠臣卻不一樣，靠丟性命換取忠貞成仁的名聲，而他的君王必然背上大惡的臭名，永遠被釘在歷史的恥辱柱上。而且國家終究逃不掉滅亡的命運，忠臣的名稱再怎麼美好，也是沒有意義的。從這種角度去看，忠臣和良臣之間，相去太遠了，根本就不能相提並論。」，唐太宗認眞地聽著，並且陷入了沉思。過了好半天，他才回過神來，感慨萬分地抓住魏徵的手，喃喃說道：「有道理，有道理！魏愛卿講得好啊！」動情之下，竟執著魏徵的手，久久沒有鬆開，直到魏徵起身告別時，唐太宗還依依不捨地送出宮門，並且立刻傳令，賜給魏徵五百匹絹，以聊表對魏徵的感激和鼓勵。

政令以信

到了貞觀二年（公元六二八年），魏徵總算是在四面的夾擊中艱難地挺了過來，在唐太宗創立的貞觀政權中站穩了腳跟。他的觀念，他的設想，他的勸告和建議，都化作唐太宗的一道道指令而頓時產生了法律化和制度化的效力。在欣喜地看到這一良好開端的同時，魏徵不禁感慨萬千：創造一個好的政治局面並且始終保持清新向上的政治空氣，是多麼的不容易呀！當今皇上畢竟年輕，其政治修養和社會閱歷都還亟待進一步培養提高，稍一疏忽，就有變異，甚至有可怕的倒退。每當他從朝廷中走出來，在回家的路上，在深夜的油燈之下，他總會反覆回顧剛剛過去的重大政局變革時期，君臣之間的各種尖銳激烈的交鋒場面，有些事往往令他通宵難寐，徹夜不眠。例如前年的冬天，唐太宗剛剛登上皇帝大位，就「徵兵」問題首次與魏徵產生了思想交流。唐太宗遣派專使招募徵用兵丁，宰相封德彝的建議是：民間百姓家的「中男」（第二個兒子，非長子謂之「中男」），雖然年齡不滿十八歲，但只要身體達到健康、高大、強壯的，也可以一併徵用。唐太宗同意這一做法。文件從中書省擬好後，送到了門下省，準備簽署通過。魏徵當時正在門下省協助這些審議文件的工作，看到這份徵兵文件後，認爲不妥當，堅決不肯簽署發佈。中書省和尚書省負責人數次前來催促他，他仍堅持自己的看法，必須作出修改後才能通過簽署這一關。對方見他如此固執，便抬出皇上來，說是皇上親自討論後同意草擬的，憑什麼滯壓在你這裡？魏徵卻說：「既然是皇上的意思，那我跟皇上去解釋，把問題搞清楚後再簽署也不遲。」衆宰相無奈，只好向唐太宗作了匯報。唐太宗知道後，不由大怒，當即把魏徵叫去，當面責問他道：「中男裡的高大強壯者，多數是狡猾的奸民，爲了逃避兵役，都自匿不負擔國家義務。如今徵發他們，又有什麼不對？你爲什麼如此固執，扣壓文件？」魏徵沉著回答道：「請陛下先別發火，爲臣也是替國家辦事，爲朝廷著想。臣之所以不肯簽署，也有自己的想法。兵，在於駕御得法，而不在於數量衆多。陛下選徵成年健壯的人入伍，用正確的方法去管理，就足以無敵於天下，何必去強行徵發未成年的小毛孩，去增加兵員的虛數呢？而且更嚴重的是，陛下經常說：『我以誠信統治天下，要讓天下人民都無欺無詐。』可是自從陛下即位以來，短短時間內，已經多次說話不算數，失信於天下。」唐太宗一聽，更是愕然，忙追問道：「朕什麼時候失過信？」魏徵說：「陛下剛即位時，曾下過一道詔令：『凡是拖欠國家財物的，一律蠲免，可以不必追還。』可是有關部門卻照樣在追查催還欠秦王府的財物，藉口是秦王府的財產不是國家財產，於是追究如故。但是，陛下是以秦王升爲天子，秦王府的東西就是天子的東西，王府的財產自然已成了國家的財產。既然是國家財產，就在詔令免予追究歸還的範圍之內。行動上照舊追究，可詔令中卻宣稱不予追究，這不是說話不算數嗎？不是失信於天下嗎？陛下又曾下過指示：『關中地區免交兩年的租賦，關外地區免交一年的地租。』不久又發了一份文件，說是：『已經收過租的和已經徵發過徭役的，那麼免收租賦的決定就從下一年執行。』就是這樣，本已不再催徵的錢糧，又重新催徵起來了，老百姓不能不感到奇怪和蹊蹺。既然把租賦收過了，也就罷了，如今又要違背原來發出的文件，向百姓徵兵，這怎麼能叫做『以來年爲始』呢？另外，與陛下共同治理下天的人，主要是各地的守疆大吏，和朝廷的各級官員，國家事務，都委託他們去辦理。爲什麼獨獨點兵這件事，都懷疑它的合理性呢？以上這些事例充分表明，陛下說話是不算數的。難道這些做法就是陛下所揚言的以誠信治天下嗎？」

唐太宗聽到這裡，先前的怒氣早已消了，代之而來的是滿臉的慚愧之色。他在魏徵所列舉的眞實證據面前，實在是無話可說，只有由衷地服氣，便坦然地說道：「魏愛卿說得對，朕完全承認從前的這些過失。以前，朕一直以爲你迂腐固執，對國家的具體政務不太開竅，今天，你談及國家大事來，頭頭是道，而且非常深刻、精辟，都講到了要點上。確實，國家號令不統一就導致人民的懷疑，懷疑就難以得到人民信任，得不到人民的信任，天下百姓就不知所從，這樣下去，天下怎麼能達到大治！朕眞是犯了大錯了！」激動之餘，賜給魏徵一只金甕。

君如玉

好在唐太宗是個聰明絕頂的人，更好在他還是個事業心和成就感極強的皇帝，這使得魏徵的努力沒有白費，唐太宗對一個帝王所要具備的最基本的素養已經開始深刻認識到了，並且正在盡最大的努力使自己達到這一目標。他透過與魏徵的深層接觸和誠懇交流，痛感到自己的不足。他人的盡忠竭誠，而大臣的竭力協助對自己保住這個國家、守住這個江山社稷是何等的重要。這種深刻的認識，正是他在位期間一直高度重視納諫的思想基礎。他了不起的一點就在他對一切事情、一切人的看待標準，始終圍繞著一個最根本的目的：是否有利於他統治的這個帝國長治久安。有利的他就積極倡導、鼓勵、帶頭實行、發揚光大；不利的，他就極力地反對、避免、帶頭打擊，直至消滅這些不利的東西。於是，他在即位後不久，就深有感觸地說過：「一個人想照清楚自己的模樣，就必須要一面明亮的鏡子；一個帝王要想知道自己的過失和不足，就得依靠忠誠的臣下。君主若是以爲自己了不起，是個聖賢，而臣下又不指點匡正，那麼，要想不失敗、不亡國，是不可能的。君主要亡了國，臣下也難保住自己的身家性命。君臣的命運是聯繫在一起的。昔日的隋煬帝暴虐無道，大臣們全部閉口不敢說話，使得他始終聽不到臣下的意見，始終不知道自己錯在哪裡，於是終於導致了他滅亡的下場，而像虞世基這樣的大臣，也隨著斷送了性命。這樣的沉痛教訓並不遙遠，如果一旦發現朕有什麼不對的地方，希望諸位先生們一定要極言規諫！」貞觀元年，他又一次強調君王並不是一貫正確的上智，臣民也並不是事事不如皇帝的下愚。自己雖然在唐朝的創立和統一的過程中立下了顯赫的功勛，卻並不認爲自己是一個沒有缺點、從不犯錯誤的完人。例如他在這一年跟侍臣的一次談話中就指出：「好君王任用壞臣僚，不能治理好國家；好臣僚協助壞君王，也治理不好國家。只有君和臣都很好，而且互相的關係如魚水一般的和諧，天下才可望太平。朕雖然不算英明，但有了衆多優秀大臣的無數指點和幫助，幸虧諸位先生的直言規諫，才能達到目前的理想局面。」在這裡，他把自己等同於普通人，強調君和臣對國家的作用和倡導。有時，他還把自己比喻爲石中的玉，礦沙中的金，把進諫的人比作良工和良冶，等於承認自己需要臣下的改造和雕琢，承認臣下有比國君高明的地方。所謂琢磨、鍛冶，就是指去掉玉石和金礦中的雜質而言，可見他並不認爲皇帝是天生的純玉和赤金，實際上瑕疵很多，缺點在所難免。而對於自己身上的這些缺點，又苦於不能自見，並且知道國君高高在上，深居九重，不能了解和洞察天下所有的事物，制訂法律、行政理國就很有可能不符合社會實際，因而他特別強調廣開言路，傾聽逆耳之言。進而在制度上做出明確規定，從此以後，宰相入朝討論國家政務時，必須要有諫官一塊參加，參預討論。諫官如果有所意見，宰相們一定要虛心聽取，認眞採納分析。這裡順便介紹一下唐朝的諫官編制：左右散騎常侍共四人，負責規諷過失，侍從顧問；左右諫議大夫八人，負責諫諭得失，侍從協助；左右補闕十二人，負責供奉諷諫，大事參與朝議，小事上書言事；左右拾遺十二人，與補闕職責相同。諫官的人數如此之多，給予的權責如此之重，這是其他任何時代都是沒有過的，也是自古至今任何政權都無法比擬的。

因此，在李世民的倡導和鼓勵之下，貞觀時期的二十多年，諫臣輩出，諫者盈庭，諫議得失成爲一時之風，臣上諫，君納諫，形成了唐太宗在位時期最大的政治特色。但綜觀貞觀一朝，無論是從進諫的次數，還是從諫諍的深度和廣度以及尖銳、激烈的程度，最著名、最主要的諫臣還是魏徵莫屬。他一人前後所諫達數百次，諫文竟達數十萬言，並且皆能切中皇帝之過、國家之失，質量是相當高的。故史稱「前代諍臣，一人而已」，唐太宗甚至把「貞觀之治」的政績之取得，歸結爲「皆魏徵之力也」。由此可以說魏徵是唐代最傑出的諫臣，是中國封建社會政治家中罕見的模範代表，是一點也不過分的。他對唐太宗執政時期的統治思想、基本國策和大政方針的確立和實行，起了決定性的性用。而這種作用，是透過他一系列的諫諍言論體現出來的，前後十七年的時間，魏徵的大量諫言和疏論，充分反映了他豐富和深刻的理論修養，代表了他的世界觀和方法論，也說明了他對唐朝所作的貢獻。

逆鱗廷爭（上）

這一節裡，我們要描繪的是一幅《貞觀諍臣進諫圖》。

馮盎不叛

嶺南道好幾個州的刺史不斷向朝廷上書，匯報一個共同的敵情：高州地區的豪強首領馮盎、談殿，互相攻打，長期不入朝，他們是想重新脫離唐朝，進行地方割據，造反稱王。唐太宗下令將軍藺謩徵調江南道、嶺南道幾十州的兵員，準備前往鎮壓「叛亂」。魏徵聽說後，便向唐太宗進諫，說：「國家政治局勢剛剛平定下來，經歷了十幾年的戰爭之後，滿目瘡痍，百廢未興，人民生活尚未恢復元氣。嶺南地區自古以來是瘴癘之地，而且道路遙遠，山川險阻，兵員和物資的交通運輸是一件巨大的難題，恐怕不好解決。如果再遇上瘴氣和瘟疫，那就更加麻煩了。到那時，大軍擱在半道上，進退兩難，想後悔也來不及了。再說馮盎等人是否實造反叛唐，還不一定，怎麼能夠聽風就是雨，興師動衆，大動干戈呢？」唐太宗說：「上送情報的人不絕於途，十幾次的匯報都是這種說法，怎麼你還說他們造反叛亂不是眞的？」魏徵說：「馮盎如果眞的反叛，他們就會趁我大唐政局尚未穩定之際，交結鄰近蠻國，分兵占據險要之地，攻掠州縣，建署政權組織。爲何他幾年都沒有出動，武裝並未超出高州？可見他們並沒有違反叛唐之意。這麼多的人告狀，都說馮盎等人叛唐，陛下又沒有派使臣去了解情況，做安撫工作，他們自然以爲陛下眞的認爲他們造反，因而懷有畏懼之心，不敢入朝來京。現在，陛下如果派遣可靠的使者去馮盎那裡，把陛下的意思講明白，消除他們的顧慮和恐懼，他們看到陛下依然信任他們，就會放心地進京謁見陛下。這樣，用不著勞師動兵，嶺南自然照樣賓服。」唐太宗聽從了魏徵的話，命令取消發兵攻打馮盎的行動。過了不久，有宰相向皇上奏報：「馮盎、談殿確實互相攻打，但陛下派了一名使者去了之後，整個嶺南都安然無事，馮盎已派他的兒子作代表，入朝候見了。」唐太宗高興地對大臣們說：「當初，嶺南諸州都說馮盎造反，朕已決定發兵征討，魏徵反覆勸諫，認爲只要示以誠信，懷以仁德，就必然可以不討自服。我聽從他的意見，就獲得了嶺南平安無事的可喜局面。他的一個進諫，勝過了十萬軍隊，功勞確實不小，應該嘉獎！」賜給魏徵五百匹絹。

明君與暗君

唐太宗問魏徵：「什麼是明君？什麼是暗君？」

魏徵說：「兼聽則明，偏信則暗。《詩經》說過：『古代的賢人說，你有懷疑的事情，就趕快去請教割草打柴的勞動者。』過去的堯、舜時代，之所以達到大同社會，其做法之一就是開四方之門，以等待天下來訪的賢俊；廣四方之視聽，以決天下之壅蔽，於是，能夠廣泛觀察民情，全面了解社會，聖主的光輝普照天下，使共工、鯀等淫邪無用之輩，無法阻礙大治的步伐。秦二世則不然，把自己深藏在宮中，脫離人民百姓，偏信趙高一人，直到天下大亂，國家要滅亡了，他還蒙在鼓裡。南朝的梁武帝也是偏信朱昇，錯誤地重用侯景爲大將軍，封爲河南王。後來侯景發兵攻打自己，梁武帝爲侯景所逼，飢病而死。隋煬帝偏信虞世基，隋末起兵造反者已是星火燎原，遍地皆是，可是虞世基深知煬帝討厭聽到壞消息，便報喜不報憂，致使全國大亂，隋帝國行將崩潰，煬帝卻一點實情都不知道。以上事實說明，人君如能傾聽不同的意見，多接觸不同的人，那麼佞幸之臣就封鎖不了他，下情就可以上達了。」

唐太宗拿起筆，工工整整地寫下魏徵剛才所說的「兼聽則明，偏信則暗」八個字，端詳良久，深有所悟地感嘆道：「說得好啊！」

又有一次，唐太宗對侍臣們說：「我讀過《隋煬帝集》，文章寫得很不錯，文采好，知識也很淵博。看得出他也認爲堯、舜是好君主，桀、紂是壞君主。可他做起事情來怎麼就跟他的觀點完全相反呢？」魏徵答道：「君王再聰明偉大，也還是應該謙虛地接受別人的幫助和批評，只有這樣，智慧的人才願爲他謀劃策略，勇敢的人才願爲他獻身出力。隋煬帝自恃才華過人，驕傲自大，瞧不起別人，所以他雖然口誦堯舜的語錄，而表現的卻是桀紂的勾當，就這樣一步步走向滅亡。」唐太宗說：「沉痛的教訓並不遙遠，我們應該把隋煬帝當作反面教材，經常要記住他的教訓！」

殺盧祖尚

交州都督李壽因犯貪污罪而被免職查辦，唐太宗認為瀛州刺史盧祖尚文武雙全，清廉正直，是個很不錯的官員。他把盧祖尚叫到宮中，跟他講：「交州很久沒有一個合適的人去當都督，如今得靠你去上任，鎮撫這方邊陲。」盧祖尚對皇上的信任表示感謝，同意了皇上的安排。等出了朝廷，回到家中，他又有點後悔，不願意到遙遠的南疆去。於是他上書給唐太宗，說自己老病復發，無法赴任。唐太宗派宰相杜如晦去勸他，並轉告自己的話：「連一介匹夫都說話算話，怎麼答應了朕的事情又後悔呢？」盧祖尚仍然不願意當交州都督。幾天以後，唐太宗親自召見盧祖尚，當面說服他，可是盧祖尚還是固執地不答應。唐太宗不禁龍顏大怒，吼道：「我連個刺史都調遣不了，還如何當政！把他拖出去，殺了！」盧祖尚被拖到朝堂外斬了首。人剛被處死，唐太宗就有點悔意。

事情過了幾天，有一次唐太宗與幾個大臣在一起談起歷史，討論起齊文宣帝到底是個什麼樣的人。魏徵進言道：「齊文宣帝是個瘋狂而殘暴的人，但他與別人爭論起來的時候，只要自己理屈，就不再強詞奪理，而是聽從別人的。比如當時有個叫魏愷的，是青州長史，剛做爲赴梁朝的特使回來，齊文宣帝就改任他爲光州長史，魏愷不肯去光州上任，皇帝聽說後，大爲憤怒，召他進宮狠狠訓斥了一番。魏愷辯解道：『我原先當的是大州的長史，如今我出使梁國回來，有功勞而無過失，卻調任去小州當長史，覺得不公平，所以不肯去上任。』文宣帝一聽，說：『你這話有道理，我就不處分你了。』這卻是齊文宣帝的長處。」

唐太宗聽罷魏徵所講的這段故事，深有觸動，說：「是啊，前幾天，盧祖尙雖然有失人臣之義，不服從我的安排，但我一怒之下就殺了他，卻是有失殘暴，過分了一些。由此看來，我還不如齊文宣帝哩！」

魏徵的分量

魏徵這個人，無論身材還是長相都普普通通，但他的膽量和謀略卻是一般人遠遠不及的。他善於發現和領會皇上的眞實思想和意圖，因而他特別敏銳地從皇上的言行看出事態的本質，從不放過皇上的任何過失和疏忽，一遇有說話的機會，就嚴厲地批評皇上的不當，深刻地指出其危害性和可怕的影響。哪怕惹得皇上極爲不快，甚至大爲惱怒之時，他照樣泰然自若，神色不改，堅持他的說法和意見，而且一定要把話講完才罷休，不管皇上愛聽不愛聽。唐太宗在這個一身正氣、又滿臉嚴肅的魏徵面前，總不免有些緊張和膽怯，天子的威風也使不出來了。

有一次，魏徵出公差回京，見到唐太宗，就問：「聽很多人講陛下要去終南山巡遊，而且外面的隨從和警衛們都已整裝待命，可是陛下最終還是沒去，怎麼回事呀？」唐太宗不好意思地笑了笑，說：「起初確實是有遊幸終南山的打算，但朕後來一想，怕你回京後責怪我，所以中途又取消了這個計劃，決定不去玩了。」

唐太宗有一只非常漂亮可愛的鳥，是他心愛的寵物，經常讓它停留在自己的手臂上，有空就跟它遊戲、逗樂。有一次，正在跟小鳥兒玩得開心，老遠發現魏徵朝自己這邊走來，他連忙將鳥兒藏在懷裡。魏徵走到跟前後，也沒有注意到皇上的情緒和懷裡藏有東西，像往常一樣，一五一十地詳細地匯報工作。唐太宗心裡焦急得不得了，巴望魏徵趕快說完事好走，可是魏徵仍然在滔滔不絕地講啊、講啊，講個沒完，唐太宗又不敢說出原委，只好忍耐靜聽。最後，等到魏徵終於奏罷事情離去時，唐太宗掏出小鳥一看，竟然已經悶死了！

善善，惡惡

某年的十一月，王珪被提拔爲門下省的侍中。一天，他奉詔進宮，向唐太宗謝恩，因爲剛獲提拔和升遷，照例要入宮面謝皇上隆恩。進宮後，唐太宗正在閒坐飲酒，王珪來見，也沒當成是外人，被唐太宗熱情地邀入席邊同飲。席邊有一位美貌女子，侍立在皇上身邊。王珪瞧了一眼，覺得有些面熟，他略加回憶，就立刻想起這女人是誰了。但他故作不知底細，裝出一副窺視和欣賞狀，盯著女子。唐太宗見狀，便說：「噢，朕忘了給你介紹，這女子是廬江王李瑗的侍姬。

李瑗這家伙也是作孽呀，聽說她年輕貌美，就一定要霸占到手，不顧她已婚有夫，硬是殺死她的丈夫，強行納占過來。如此行爲，怎能不滅亡！」王珪驚訝地說道：「原來如此。那陛下認爲廬江王的做法是可取呢，還是不可取？」唐太宗說：「那還用說嗎？殺人奪妻，還能好得起來？」王珪又說道：「臣聽說春秋時期，齊桓公來到古稱郭國的地方，向當地的父老問，郭國是怎麼滅亡的？父老說是因爲郭國的君主，『善善、惡惡』，才導致滅亡。齊桓公覺得這話好生奇怪，便追問道：『善善而惡惡應該是很好的事啊，怎麼是因爲這個而亡國呢？』父老解釋道：『這郭君知道什麼是善，也知道什麼是惡，可是他明知道是善的卻不能用，是惡的卻不能去，所以非亡國不可。』」如今，陛下既然已經知道了廬江王的做法不可取，卻爲什麼又納廬江王的姬來做您的姬呢？臣認爲陛下內心還是認爲廬江王殺人奪妻的做法是對的，不然的話，陛下怎麼會向廬江王學習呢？」唐太宗已經有點招架不住了，他不自在地笑了笑，舉起酒爵，向王珪說：「要不是你提醒，朕又犯錯誤了！」等王珪走了後，唐太宗立即下令將此女子放歸娘家，以實際行動改正了王珪所指出的毛病。

唐太宗指派太常少卿、著名禮樂專家祖孝孫負責敎後宮宮女學唱歌，習音樂。太宗有些地方不滿意，就嚴厲地責備了祖孝孫。王珪邀了溫彥博，一起聯名入諫道：「祖孝孫身爲朝廷高絕命官，又是一位有名的學者雅士，現在卻讓他去後宮掖庭給女人們敎歌，本身就不太妥當，他自己也夠委屈的。陛下稍不如意，還要嚴詞斥責，不覺得有些不合適嗎？」唐太宗生氣地說道：「你們是我的心腹大臣，應該竭忠維護朕才對，怎麼還吃裡扒外、附下罔上地替祖孝孫說話？太不像話了！」聽了皇上的怒斥，溫彥博不敢再堅持，連忙摘下官帽下拜，向皇上道歉賠罪。王珪卻不然，不但沒有道歉，反而申辯道：「陛下平時敎導我們要忠誠爲國，今天我們所言，正是一心爲國，難道我們是爲自己謀私利不成？這件事是陛下對不起我們，我們沒有對不起陛下！」唐太宗默不作聲，事情也就不了了之。第二天，太宗臨朝，對宰相房玄齡說：「自古以來，當帝王的虛懷納諫確實不容易。朕昨天責怪溫彥博和王珪，今已自悔。希望你們不要因爲我昨天的表現就不盡言直諫，說怎麼做就怎麼做，不要有什麼顧慮。」

阻納鄭氏女

原隋朝通事舍人鄭仁基，有個女兒，年齡十六、七歲左右，美貌麗質，是出了名的大美人。長孫皇后也對此女孩有所耳聞，便派人去訪求，準備召進後宮來，好服侍皇上。唐太宗同意了皇后的打算，批准將此女納進後宮，授予充華的品位。詔書已經下發，但宣詔使還沒有出宮傳達。

魏徵聽說鄭家姑娘已經許配給姓陸的一家公子，於是急忙向唐太宗進諫道：「陛下爲人父母，撫愛百姓，就應該以百姓的快樂爲快樂，以百姓的憂愁爲憂愁。自古以來，凡是有道的賢君，無不以百姓之心爲心，因而能夠自己居住深宮大殿，也希望人民有個安身之所；自己吃美酒佳肴，也希望人民夫妻恩愛、男女之歡。這是做帝王最起碼的道德。如今鄭家女兒，很久以前就已許配了婆家，可是陛下一點也不調查清楚，就一聲令下要納召後宮。這件事要是在全國傳開，全國人民將怎樣看待陛下？即使臣所聽說的消息不那麼準確，但爲了不損害聖上的光輝形象，臣認爲還是愼重行事的好，所以就冒昧地提醒陛下。要知道，皇上的任何言行舉動，史官都會載入歷史的，所以再一次奉勸陛下還是應格外留意爲妙。」

唐太宗聽魏徵這麼一說，大驚失色，他是個極注意形象的帝王，馬上意識到納女一事的嚴重性，於是，他當即親筆草詔，對自己作了深刻的批評，並下令暫停宣詔使和策婚使的行動，讓鄭家女兒仍然婚配陸家公子。

然而，圍繞此事，情況卻變得複雜起來。宰相房玄齡、溫彥博以及吏部尚書王珪、御史大夫韋挺等人竟然都提出了相反的建議：「此女許配陸家，並無確鑿證據。既然皇上納婚的詔令已經發出，那麼這樁喜事就不應這樣不明不白地半途而廢，否則對皇上的影響也不好。」緊接著，陸家公子也上書表明：「我的父親陸康在世之時，與鄭仁基交情很好，往來甚密，兩家經常互贈些禮物，互相周濟些錢財，這是事實；至於許配婚姻，卻完全是沒有的事。外人不知底細，妄加猜測，所以才有這一說法。今特上表證明，伏請聖察。」與此同時，許多大臣也紛紛勸請皇上召納鄭女，締此良緣。在這種情形之下，唐太宗不免也搞糊塗了，一時不知怎麼辦才好。他又去詢問魏徵：「群臣勸我納女，可能有阿諛順旨的因素在內；可是陸家公子為何特地上書，聲明他與鄭家姑娘並無婚約呢？」魏徵分析道：「按照臣的分析，他的意圖其實不難理解。他很可能是把陛下當成當年的太上皇一樣的人。」唐太宗還是不明白：「這話又是什麼意思？」魏徵說：「當年太上皇（指李淵）剛攻克京師長安，得到了辛處儉的妻子，太上皇很喜歡這女人，寵幸不止。辛處儉當時是東宮的太子舍人，太上皇對他自然看不慣，下令把他趕出東宮，安置在萬年縣。辛處儉於是常常恐懼不安，深怕由於這層關係而丟掉性命。今天的陸公子當然也會有同樣的顧慮，怕階下恨他在心，有朝一日遭到陛下的暗中迫害，所以這時也必然不敢承認與鄭家姑娘的愛情和婚約，而是反覆申明自己與此毫不相干，從而可以脫禍免災。他上表的眞正意圖就在這裡，根本不足為怪。」

唐太宗經過魏徵的這一番合情合理的分析，頓時心服口服。他笑道：「別人的確會這樣看待朕，朕的話恐怕未必使人相信。」於是，他乾脆下了一道敕令：「今聞鄭氏之女，先已許配夫家，朕先前發文召納美女之時，未作詳細的調查，這是朕的不是，也是有關部門的失職。關於授鄭氏女爲充華的決定，現在正式宣布取消。欽此。」這份文件一下達，全國人民無不對唐太宗贊頌不已！

忠良致治

唐太宗在歷史上是以知人善任而著稱的帝王，他對人才的發現、挑選、考察、使用、獎懲、升降等都是極其關注和重視的。他曾在《帝範》一書開宗明義地總結自己的觀點：「夫國之匡輔，必待忠良；任使得人，天下自治。」

於是，在貞觀初期，他就把人才的選拔和任用放在軍國大事的首位去對待和處理，對掌管和負責這項工作的大臣也是經常叮嚀囑附，提醒勉勵，希望他們能勝任這一重大的任務，爲國家的長治久安提供合適的、優秀的管理者。早在貞觀元年，政局剛一安定，唐太宗就命令宰相封德彝推薦賢才，結果封大人好久都沒有推出一個人。太宗批評了他，封德彝答覆道：「並不是我不盡心、不努力，只是當今社會裡沒有什麼奇才而已。」

太宗很不滿意這種看法：「君子用人如使器，各取所長。古代的治世、盛世，人才難道是從別的時代借來的嗎？要怪就怪你沒有用心去發現、努力去尋訪，怎麼能夠誣蔑當今一世之人！」封德彝慚愧而退。

唐太宗還在貞觀二年時說過：「替我養民理民的，主要是各地方的都督、刺史，我把他們的名字都寫在我屋內的屏風上，坐著時能看得見，躺在床上也能看得見，只要了解到他們某位的爲官功過情況，我都要在名字下做個記號，登個記，以供我提升罷免時做參考。縣令在基層，最貼近百姓，尤其要重視他們的人選。」正因爲唐太宗高度重視吏治，所以，他把對統治人才的選擇和考察權，總是交給他最信賴的心腹大臣。貞觀二年以後，房玄齡、杜如晦和王珪等人，共同承擔起這一重任。他們在皇上的督促下，制定了一系列有關考察官吏和衡量政績的法規，經唐太宗批准後，在全國頒布發行。

但在房玄齡、王珪二人正主持著全國的官考核和檢查工作時，卻遭到了一幫人的攻擊。治書侍御史權萬紀和侍御史李仁發，數次向皇帝上書，揭發房玄齡等有嚴重的錯誤，在考核中有不公平的作法。唐太宗向來高度重視吏部的詮選考核工作，聽到這接二連三的告狀信，頓時令他龍顏大怒：「房宰相等人是怎麼辦事的？竟敢辦事不公，惹得人家怨聲沸騰，眞是辜負了朕的一片殷切希望。」命令侯君集負責調查審理房玄齡、王珪在考核官吏中的「錯誤問題」。

魏徵這時又挺身而出，向唐太宗進諫，他說：「玄齡、王珪都是朝廷裡久經考驗的舊臣，一向以忠誠正直爲陛下所信賴和倚重。他們爲陛下承擔了這麼沉重的考核任務，其中一兩人考核不當，這是誰都難免的事！但細細考察他們的動機和行爲，畢竟沒有以權謀私，充其量只是工作中的小小失誤。如果開展對他倆的審查，那就等於否定了他倆所有的考核工作，人家就會以爲考核的結論全部都是錯的，這叫考核工作怎麼收場？他倆將來如何能再給皇上挑重擔？況且這權萬紀、李仁發都是無恥小人、不識大體，以譖毀陷害爲能事，以告狀充正直，他們所上告的一些事，有哪一樣是有根有據、能站住腳的？陛下看不到他們的陰暗面，凡是有人上書匯報，就相信一切。這樣正好讓他們的奸計得逞，使那些附下罔上的無禮之徒，反倒落了個勇敢正直的美名。結果，忠臣被罷退，人心也渙散了，陛下的聖明也受到損害。而且，整頓法紀的良好願望實現不了，反而助長了誣告誹謗的可怕歪風。權萬紀等人這段時期也一直在考核現場，卻不積極參與工作，半點建議也沒見他提過，尸位素餐，站在一旁瞧熱鬧，等到他們看到自己的考績也不合格時，這才懷恨在心，對房玄齡惡意誹謗，以洩私憤。他們的告狀，就是爲了激怒陛下，以達至搞垮房宰相、王尚書的目的，根本就不是從國家利益出發。陛下以此事處罰辦事大臣，我認爲從各方面來看都是不妥的，請陛下三思。」唐太宗欣然採納魏徵的意見，未追究房玄齡等人。不久，李仁發被撤職，權萬紀被貶到連州當司馬。朝廷中咸相慶賀對此事件的正確處理，大家一致稱贊魏徵獨自挺身而出、大膽論諍的可貴精神。唐太宗也獎勵了他五百匹絹。

逆鱗廷爭（下）

這一部分繼續談魏徵等人的犯顏直諫，以及太宗的虛懷納諫。

張先生論事

貞觀時期能言善諫諸臣中，張玄素是比較突出的一位，他也是魏徵唯一贊嘆過的直言敢諫之人。張玄素在隋末是景城縣一個小小的戶曹參軍，竇建德的農民軍攻打下景城後，張玄素被俘，行將處死之際，幸好全城百姓哭泣求情，才被竇建德釋放，當躍竇手下的黃門侍郎。歸唐後，太宗聞其名而親自召見他，訪以政道。張玄素出語不凡，答對道：

「臣觀察自古以來，還沒有哪一王朝像隋朝這樣喪亂之甚的，全是因爲隋煬帝剛愎自用，一人獨裁，導致國法日益紊亂，綱紀大壞。假使帝王虛心謹愼，臣下好好建議輔助，怎麼會落得這般地步？何況，一個帝王，統治這麼龐大的帝國，日理萬機，庶理衆務，一個人哪能顧得過來？再聰明能幹的皇帝，如果什麼政務都想自己獨裁，那必然會有做不好的地方。一天處理十件事，能做對五件就不錯了。做對了當然是好事，做錯了該怎麼辦？一日萬機，已經有一半出錯，那麼以日累月，以月累年，乖謬就越來越多，國家怎能不亡！如果多引用賢明優秀的大臣，自己高高在上，駕馭好這批良臣，各位官僚必然盡心恪守職責，哪個敢不聽話，誰能犯上作亂？

臣又看到隋末大亂之時，天下騷亂，群雄並起，能夠有力量爭奪天下者，不過十幾位人物，其他的勢力只不過爲了保衛家鄉、保全自己性命，等候著歸降於一位眞正有前途的英雄。可見眞正有心造反叛亂的人並不多，只是帝王不會安撫他們，才導致他們紛紛揭竿而起。

陛下如果從隋朝滅亡的事實中吸取一些經驗敎訓，一天比一天謹愼從事，那麼堯舜的治世局面，並不遙遠，我大唐帝國，必定會太平興旺。」

唐太宗非常贊同他的看法，也非常欣賞他的爲人，便提升他爲侍御史，不久又任命爲給事中。貞觀四年，唐太宗調徵大批民工，準備修建和改造東都洛陽的宮殿，這是一項極其浩大的工程，將投入巨大的資金和人力。張玄素反對這一工程，上書極諫道：

「微臣我曾暗地裡想秦始皇這位君王，剪滅六國，統一天下，建立了龐大的帝國。他多想把這份巨大的基業子子孫孫永久地傳下去！可是，只到他兒子這輩就丟掉了這份基業。臣以爲滅亡的原因就在於欲望太多、太強烈，犧牲天下人民的權益去滿足他皇帝一家的欲望。可見天下不僅僅是誰暴力強大誰就霸占得了的，只有發揚儉樸節約的精神、採取輕徭薄賦的措施，像剛剛打江山時那樣謙虛謹愼，愛民如子，始終如一地考慮到廣大百姓的利益，這江山才可以永固長久。

而今正是天大大亂之後，百業凋蔽之際，社會剛剛安定下來，經濟尙未復甦，人民還處在飢寒之中，爲政辦事就應該由仁政出發，用禮制來調節，陛下本人更應以身作則，爲天下人樹立一個好榜樣。東都洛陽，陛下尙未打算何年才會去巡幸，何必急於大興土木，大修宮殿？許多親王剛剛分封，各地王宮也要興建，這般的頻繁興修帝殿王宮，是疲憊和貧窮的廣大人民所不願意做的，這是這一點理由；陛下當初平定東都時，下令拆毀所有的高樓大廈，天下人民深爲欣喜，一致擁護。怎麼能夠那個時候厭惡隋煬帝的奢侈靡爛，這個時候卻又崇尙羨慕他的華麗和排場呢？這是第二點理由；皇上平時總居於首都，一般極少去東都，可見東都的興修並不是迫不及待的任務，不是刻不容緩的急務，爲什麼一定要在國家財政很緊張的今天，去大興這一土木呢？國家並沒有什麼積蓄，卻想追求兩個都城的雄偉壯麗，勢必會加重人民的勞役，增加人民的經濟負擔，而勞役太多、負擔太重，勢必會引起人民的怨恨，這是第三點理由；廣大人民在隋末幾十年的戰亂歲月之後，已經是飽受痛苦，災難深重，仍然處於飢寒交迫之中，起碼的生計都無保障，三五年之內，要想恢復他們的元氣，都是個問題。這種形勢之下，憑什麼去花費巨資、動員衆多人力修建東都、營造別宮？這是第四點理由；以前，漢高祖劉邦想在洛陽建都，經過婁敬的一席勸諫之言，便立即打消了這個念頭，當天就出發前往長安。他不是不知道洛陽地居華夏中心，天下的貢賦運輸，遠近差不多這些優越條件，只是由於它的戰略位置不如關中重要。請陛下多多考慮兩都之間的這些差別，切合當前的經濟狀況和軍事形勢，作出正確的決定，千萬不要總想著去東都巡幸。這是第五點理由。歸納這五點，充分證明陛下興修東都的工程是不合適的，是有害的計劃。請陛下取消這一計劃。則天下幸甚，人民幸甚！」

唐太宗感嘆道：「我沒有好好思量，便差點犯下大錯！」他對房玄齡談話中說道：「洛陽地處九州中心，朝貢的距離天下都差不多，所以朕才打算修建洛陽，本意也是考慮到便利百姓。現在張玄素上表，他的考慮比朕更深了一步，確實應該按他的意見去做。以後有事情要去東都，即使是坐在露天中辦公，也算不上什麼苦，老百姓的飢寒要時刻記在心上啊！關於東都營建工程，立即停止。至於張玄素能夠以下諫上，以卑干尊，的確難能可貴，不是忠直之士，怎能這樣做？應該賞賜彩緞二百匹，以資鼓勵。」已經升任為侍中的魏徵聽說了張玄素的事跡後，也高度贊揚了他：「張先生論事，眞有回天之力。可謂仁人之言，給國家利益帶來的好處太大了！」

在群臣中的魏徵

一年歲末的某個晚上，唐太宗高興地邀集宰相們在宮中把酒聯歡，圍爐夜話。大家歡聚在一堂，君臣之間談笑風生，氣氛很融洽、很熱烈。席間，唐太宗掃視了一遍在場的這批肱股重臣，覺得個個都是優秀人才，他們都在這幾年中爲國家作出了貢獻。於是，他在欣喜之下，對坐在旁邊的王珪說：「王愛卿鑒識精通，又善談論，今天晚上，這多名臣濟濟一堂，就請你當面評價一下每位大臣，當然也要評價一下你自己。」王珪不敢不遵命，便放下酒杯，起身環顧了一圈在座的同僚們，說道：「要說孜孜不倦，一心爲國，知無不爲，善於出謀獻計，我不如房玄齡；要說文武兼通，出將入相，我不如李靖；要說辦事細心，奏報明白，上傳下達，有條不紊，我不如溫彥博；要說馭繁爲簡，駕重若輕，辦事全面，斷事能幹，我不如戴胄；深怕陛下趕不上堯、舜，以極諫敢爭爲己任，我不如魏徵。至於說到能夠激濁揚清，嫉惡如仇，從善如流，我比起諸位來，可能稍稍算個長處。」唐太宗連連點頭稱是，在座的宰相們也認爲這是切實的評價。

說封建

因有人一再提出裂土封建的想法，一直在唐太宗的腦海裡營繞回旋，長達十年。早年即位後不久，他就提出這樣的話暗示臣下：「朕想使子孫長久，社稷永安，什麼辦法較好？」當時的宰相蕭瑀回答說：「臣觀以前各個王朝，凡是國祚長久的，都是實行了分封諸侯的制度，江山才能如磐石般的鞏固。秦始皇統一六國後，廢封建，實行郡縣制，結果二世而亡；漢朝有了天下以後，大封諸侯和功臣，所以能有四百多年的國運。魏晉廢止封建，結果都成了短命王朝。由此看來，封建之法，應該推行。」唐太宗對此立即表示贊成，於是分封制正式提到了國家政務的議事日程之中，從此就挑起了一場長期的爭論。唐太宗不僅要裂土分封，而且後來竟然要使宗室諸王任刺史者，子孫世世永襲，還要把長孫無忌、房玄齡、杜如晦、李靖、高士廉等十餘人封為世襲刺史，使他們的子孫世襲。這樣的意見顯然是大錯特錯的，假如真的實行了這一制度，貞觀之治就絕不可能出現，也許會重演漢代的吳楚七國之亂和西晉的八王之亂，社會的安定就有可能遭到嚴重破壞，繁榮強盛的大唐帝國的歷史，將會重新改寫。

在這場大爭論中，只有唐太宗本人和出身於昔日帝王家族的蕭瑀是贊成分封的一派，其他絕大多數大臣都持反對意見。著名學者李百藥從總結歷史經驗出發，認爲「祚之短長，必在天時；政或盛衰，有關人事」，和實行分封制與否，並無太大的關係。如果在唐代恢復商周古制，那無異於「以結繩之化，行虞夏之朝；用象之典，理劉、曹之末」，實際是「刻舟求劍，未見其可」。而且分封數代之後，必然導致王室衰微，「自藩屛化爲仇敵」，引起「疆埸彼此，干戈相尋」。更何況受封者「藉慶門資，忘先業之艱難……莫不代增淫虐，時益驕侈」，日趨腐化。李百藥不愧是一個大史學家，不但能追溯往史，而且還能對未來加以預測，其議論打中了問題的要害。魏徵在這種重大問題的討論中，當然不會袖手旁觀，他也積極地表示自己的看法，堅決反對裂土分封。他不是像李百藥站在歷史的高度觀察和分析問題，而是緊緊圍繞唐朝當時的現狀，用大家都親見身處的現實去說服唐太宗。他指出，唐初承大亂之餘，經濟凋敝，國力不足，如因封國而在工程興建、禮樂文物方面浪擲錢財，必然由於厚斂百姓而引起人不堪命、民不聊生。他根據「聖人舉事，貴在相時」的原則，指責當時封疆裂土是不合時宜之舉。馬周也從舉人唯才的原則，主張宗室僅可「賦以茅土，酬其戶邑」，但絕不能授以政柄，掌握政權，只有其中眞正有才幹的人，方可量才授官。

由於絕大多數人都持反對意見，所以唐太宗的分封主張受到了有力的抵制，他只得接受大家的意見，收回成命。聰明一世，糊塗一時的李世民，在這個問題上要不是這麼大臣的苦諫和反對，不知會鬧出多大的政治笑話，又不知會造成多麼嚴重的後果來！

論太宗封禪

貞觀六年正月，文武百官和各州縣紛紛請皇上舉行封禪大典，爲此，朝廷之中君臣之間又展開了一場是否應該封禪的爭論。

封禪是古代帝王舉行的一種不定期的祭祀天地的典禮。在東岳泰山築土爲壇，祭天叫「封」，目的是爲報天之功；在泰山下的小山如梁父山、雲雲山、亭亭山等闢場祭地，稱爲「禪」，目的是報地之功。爲什麼封禪活動非要到泰山不可呢？這是因爲古人認爲群山之中，泰山最高，離天最近，因此人間的帝王應在那兒去祭上帝，表示受命於天。認爲泰山最高的觀念，實際上是黃河中下游文明的影響，以及古人沒有海拔高度的知識只有單純的絕對高度的概念有關。封禪於泰山，實質是一種具有政治目的、又帶有宗教性神秘色彩的祭祀活動。從以前封禪的情況來看，每當國運強盛的太平盛世，才會有封禪活動的出現，而一個瀕於衰亡的國家，是不可能舉行這種浩大的典禮的。所以封禪的帝王，都是具有豐功偉績的人，如伏羲、神農、炎帝、黃帝、顓頊、帝嚳、堯、舜、禹、商湯、周成王等。自秦漢以後，更是把封禪當做國家最盛大隆重的典禮，給予特別的重視，所以自秦始皇以後，中國的皇帝中除了像漢武帝、東漢光武帝舉行過封禪活動以外，直到唐太宗時代，絕大多數沒有登上過泰山。所以，在封建時代，封禪被當作是只有功德至偉的皇帝才有資格舉行的活動，是一個王朝太平、強大、富庶、繁盛的象徵。

唐太宗本來是個頭腦清醒的人，對封禪典禮有開明而理智的看法。當他收到一些大臣的封禪提議時，曾說過：「你們都認爲封禪是自古以來帝王的盛事，但我不同意這個觀點。如果天下安定團結，家給人足，就是不舉行這個典禮，又有什麼關係呢？以前秦始皇舉行封禪，而漢文帝卻不舉行，難道後人就會認為漢文帝比不上秦始皇嗎？況且祭祀天地，何必一定要上泰山不可呢？辛辛苦苦地在泰山上堆幾尺高的一個小土包，就可以說明對上天的忠誠和敬意嗎？」

可是，很多大臣仍然舉出許多理由，強烈要求舉行封禪大典。他們認為如今在皇上的英明領導下，匈奴已經被征服，周邊各民族紛紛臣服入貢，國內也是年年風調雨順，五穀豐登，百姓也已安寧生活，人民也萬衆歸心，而且連大自然也頻現吉祥之兆，這一切都說明大唐已邁入了太平治世，皇上也完全能與秦皇漢武試比高，舉行封禪典禮的資格是完全具備的，時機也應該是成熟的。唐太宗禁不住群臣屢次三番的請求和動員，禁不住一遍又一遍的歌功頌德，於是他便心動了，漸漸以為當前的國內外形勢確實是一片大好，而且越來越好。於是，他也覺得舉行封禪大典的必要性和可能性都有了，是該藉此機會展示展示他的豐功偉績了。甚至有時得意滿懷地回顧他的文治武功的時候，都已經感到這封禪早就該進行，現在都算太晚！

正當唐太宗下令籌備封禪大典之時，已經升任宰相（門下省侍中）的魏徵又站出來，明確地表示反對封禪。唐太宗禁不住有些惱火，他百思不得其解的是爲什麼要反對這一群臣一再強烈要求的活動。但太宗畢竟也練出一些政治家的涵養，他還能壓住心頭的不快，不讓心中的喜怒輕易形諸於色，他倒要與這個黑不溜秋的莊稼漢模樣的魏宰相平心靜氣地辯論一番，看看你到底有什麼理由來反對我封禪的動議？於是，他調整了一下煩躁的情緒，沈著地問道：「朕今天倒要好好聽聽你的高見，你可以坦率地講出你的想法，不要有什麼顧慮，好不好？」說到這裡，還鬆弛了臉色，擠出一絲笑意，繼續問道：「朕的功績高不高？」「高。」魏徵應聲答道。「朕的品德厚不厚？」「厚。」「那華夏九州安定了嗎？」「安定了。」「周邊民族臣服了沒有？」「臣服了。」「祥瑞的徵兆顯現了嗎？」「顯現了多次哩！」「全國是不是五穀豐收了？」「豐收了。」

見魏徵每問必答，而且都是肯定的回答，唐太宗不禁有點詫異：原以爲他反對封禪，必定會先竭力否定這一系列前提的，可是他竟然如此痛快地都承認了。詫異之餘，唐太宗不免有些憤怒，既然如此，你又爲何要跳出來反對呢？便高聲質問道：「那你爲什麼不同意封禪？」魏徵向前一步，抬起頭來，也是滿臉的莊嚴和沈著，激動地回答：「陛下的功勞確實夠大了，但人民並沒有完全得到實惠；陛下的品德也夠高了，可是不是所有人都感受得到；華夏大地也確實兵戈停息了，但遠沒達到天下太平的地步；四周的鄰邦是臣服入貢了，但遠未達到我們的實際需求；符瑞嘉兆也多次顯現了，但黑暗的、不祥的事物還有不少；這幾年五穀確實豐收了，但國庫依然空虛，這就是臣認為封禪不妥的理由。臣遠的不說，就拿人來打個比方吧。一個人長期患疼痛的疾病，動彈不得，更談不上能做事幹活，經過一番治療調理，病雖然好轉了一些，但還是瘦得皮包骨，身體還虛弱不堪。這個時候，突然有人叫他去挑二百斤米，而且還必須一天走一百里地。試想，這個病人能做得到嗎？隋朝末年的天下大亂，還不止十年，我們的國家就像一位飽受病魔纏身的垂死病人，陛下為他做了悉心治療和照顧，病情雖然穩定並已開始好轉，但身體依然虛弱，元氣畢竟還未馬上恢復。要說已經變成跟健康人一樣的結實強壯，那絕對是自欺欺人的話。如今，陛下準備東去祭祀封禪典禮，規模浩大，聲勢動天，千乘萬騎，浩浩蕩蕩，一路上吃喝住行的供應招待，該要多大的花費、多大的開銷啊！而且陛下親自主持這種曠世不遇的隆重大典，各國的君長和使節勢必也得都來中國，這又是一支龐大的陣容，對他們的接待不能馬虎輕慢，無疑又是一個沈重的負擔。可是，當今的河南、山東廣大地區，到處是荒山野澤，茫茫千里，禾苗莊稼稀稀落落，人煙斷絕，雞犬不聞，道路崎嶇，一片蕭條。這種景象怎麼能讓那些外國人親眼目睹，而使他們探清我大唐的空虛？花盡有限的國庫積蓄，而讓周邊的民族看透了我們的底細；加重百姓的租賦勞役，而去展覽我們的不光彩形象，這不是打腫臉充胖子，費力不討好嗎？製造這虛假的繁榮和太平，結果只有使剛有生氣的國家元氣大傷，使剛有溫飽的人民再次墜入饑寒之地，使頭腦稍爲清醒的君主萌發驕態。一旦遇上水旱大災和政局動蕩，我們將拿什麼去抵擋和救禦？那時，說不定有人振臂一呼，天下人民又會揭竿而起了。到這個地步時，陛下再去後悔就來不及了。這些看法豈僅是臣之私見，的確是天下人民的心聲，是從沈痛的歷史教訓中總結出的眞諦啊！」

唐太宗從這席話中醒悟過來，加上適逢河南、河北許多州發生特大水災，於是取消了封禪的計劃。終其一生，唐太宗始終也沒有去過泰山。

論厚薄人倫

唐太宗的女兒長樂公主即將出嫁，由於她是長孫皇后所生，又乖巧聰穎，所以太宗特別喜愛她。在她的大喜日子即將來臨之時，唐太宗專門發出詔敕，命令有關部門給這個寶貝女兒置備嫁妝。嫁資大大超過了一般公主的規格，甚至比皇上的姐姐永嘉長公主出嫁的規格和花費都要高出一倍。

魏徵知道這件事情後，又坐不住了，又有意見要找唐太宗提了。他進諫道：「東漢明帝想封皇子，說：『我的兒子怎能與先帝的兒子們比？』把皇子的封地都削減成過去親王們的一半。而如今恰恰相反，給公主辦嫁妝，卻要比長公主多一倍。顧名思義，天子的女兒爲公主，天子的姐妹爲長公主，既然加了個「長」字，就是要比公主尊貴的意思，陛下雖然鍾愛女兒，這是人之常情，無可非議，但不能不顧人倫的高低貴賤上的等級區別啊！讓公主的婚禮超過長公主的級別，恐怕在道理上說不過去，請陛下再好好考慮。」

唐太宗認爲魏徵說得有理，並把他的這些話轉告給了長孫皇后，皇后感嘆道：「過去總聽陛下誇獎魏徵，敬重魏徵，我還不太明白這中間的緣故，不太理解這一理由。今天，聽說了他的這道上諫，才知道他能夠不論什麼時候、什麼事情都拿禮義去提醒勸導皇上，眞是社稷之臣啊！我與陛下儘管是結髮夫妻，多年來情義深重，恩愛有加，可是當我有話要說時，還得看看陛下的臉色，猜猜陛下的情緒，深怕觸怒了陛下的威嚴哩！何況作爲一名大臣，關係不如我們夫妻親近，卻敢犯顏直諫，難怪古人中韓非子說過『說難』，東方朔也講過『直諫不易』，確實有道理呀！看來，忠言逆耳利於行，一點也不錯，有國有家的人更要牢記這一點，能納諫者則國家有救，不能納諫者則天下必亂，我衷心願陛下能明白這些，那麼天下就大幸了！」長孫皇后在事後還請皇上派人贈送五百匹帛到魏徵家裡，對他眞心爲國、勇於直諫的行爲表示由衷的感謝。她還讓使者給魏徵捎個話，說：「早聽說先生正直的爲人，這次有幸親自領教了一回，所以特地送禮物表示謝意。先生要常常保持這顆赤誠之心，不要改變！」

說難

然而，儘管是相當寬宏大量、虛懷納諫的唐太宗，以「從諫如流」垂名青史，但他在這方面也不是一個十全十美的完人。就在上述這件事情過後不久，就發生了一件非常危險的事：有一天罷朝後，唐太宗回到後宮，依然怒氣沖沖地說：「總有一天我要殺了這個鄉巴佬！」長孫皇后看到皇上如此氣憤的模樣，不禁緊張地走上前去，忙問他要殺哪一個？太宗答道：「還能是誰？魏徵啊！」皇后又問：「陛下為何要殺他呢？」「他總是在朝廷，當衆出我的醜，讓我下不了台。」長孫皇后一聽是這麼回事，心裡便有底，於是轉身離去。過了一會兒，當餘怒未消的唐太宗抬眼一看時，發現長孫皇后又進屋裡來了，而且換上了一身的莊嚴正規的朝服，走到太宗跟前，彎腰道賀。唐太宗問：「妳這是幹什麼？何故突然向我道賀？」皇后鄭重地回答說：「我聽說君主英明，臣下才會直率坦誠。而今魏徵能夠如此直言不諱，敢說敢為，正說明陛下是個明君，我怎麼能不祝賀呢？」經過皇后這一戲劇性的婉轉勸阻，才使李世民龍威稍減，由怒轉悅，從而打消了他殺人的念頭，保住了魏徵的一條性命。

唐太宗曾對魏徵起過殺機，魏徵當然不會知道。但唐太宗並不是在任何時候、任何場合、任何事情上無條件地納諫，他不是也不可能是永遠明辨是非、趨善避惡的皇帝。這一點，不僅魏徵知道，其他大臣也知道。正因爲這樣，唐太宗就得不時地向臣下們做解釋、鼓勵工作，希望他們不要因爲君王的某些不妥的表現和態度，就妄生猜疑和戒備，陡增隔閡和矛盾。而大臣們（包括魏徵在內）即使對皇帝對國家對人民都忠心耿耿，也會有君臣之間的界限限制，有一種幾近天然的距離感和本能的防衛之心，他們和皇帝永遠做不到親密無間、平起平坐的地步，永遠達不到無拘無束、暢所欲言的程度。魏徵是個飽讀詩書的儒生，儒家的君臣道德觀念在他中心已是根深蒂固，他越是想做個模範良臣，就越會陷入一種矛盾的兩難境地，既要竭誠盡忠報效君國，就得直言犯顏，匡弊救失；也要尊君敬上、卑詞恭行地恪守做臣的禮節，就不能在君王面前言語不遜，行爲不恭。於是，魏徵即使在大政方針上、在大是大非的問題上堅持原則，在眞理面前極力捍衛，據理不讓；但在說話的分寸上，在進言上諫的時機和場合上，在針對輕重緩急不同事情的態度把握上，他也不得不講求工作藝術和表達方式，不得不注意言行的修飾和技巧，盡量在各方面照顧天子的情面，帶頭維護帝王的尊嚴和威望。漸漸地，魏徵說話進言，考慮多了，顧忌也多了；語言含蓄多了，委婉多了；態度謙遜多了，恭敬多了；但他所諫的內容也明顯地深刻多了。他開始把重點由對皇上生活小節和言行疏忽的警告和提醒，轉到對皇上統治策略和統治思想上的探索，轉移到對君王治國的普遍性規律的歷史總結上來。而這些言論，正是後世人門所看到的魏徵政治學說的主體，是中國文化思想寶庫中，彌足珍貴有巨大價值的遺產精華所在。

這種轉變的結果，使君臣關係變得和緩和客氣起來。昔日那種吵得面紅耳赤的激動，爭得劍拔弩張的緊張，搞得怒氣沖沖、不歡而散的場面，逐漸被彼此客氣、互相尊重、各自克制、雙雙體諒的氣氛所代替。這種氣氛，對修養有限、忍耐有限的唐太宗來說，自然是件高興的事；而對魏徵來講，則無疑平添了更多的憂慮和痛苦。

惹得唐太宗想殺掉魏徵的事發生在這一年的三月。可是，僅僅過了四個月，由於君臣關係有了上述的轉變，便出現了這樣的情景。這一年閏七月的某天，唐太宗在丹霄殿設宴邀請一批親近的大臣，席間，長孫無忌說：「王珪、魏徵過去曾是我們的敵人，沒想到今天卻坐在一起同宴共飲。」唐太宗道：「魏徵、王珪盡心竭力為國辦事，所以我重用他們。然而魏徵每次進諫，我要是不同意，與他說話時他就不答應，這是怎麼回事？」魏徵解釋道：「臣認為陛下有的事做得不對，才進諫；陛下如果不聽臣的勸諫，臣隨便答應陛下說的話，陛下的意思就會下達施行，所以陛下所說，臣不敢回答。」太宗說：「你只管先答應了朕的話，再進諫也可以嘛，有什麼關係呢？」魏徵答道：「上古的虞舜曾告誡過群臣：『你們有話可當面直說，不要當面順從，背後卻發議論！』臣如果心裡認為陛下錯了，口頭上卻在同意陛下的旨意，這就是『口是心非』。當面一套，背後一套，這哪是忠良之臣對待君主的正確態度呢？」唐太宗大喜，笑著說：「人家說魏徵舉止疏忽怠慢，好像對朕不恭不敬，可是在朕看來覺得順眼得很，其原因正在這裡呀！」魏徵連忙起身，拜謝著說道：「是陛下開導臣放膽直言，臣才能夠有機會竭盡愚忠；假若陛下拒而不納，臣哪有膽量敢數犯龍顏呢？」

狂夫一言，聖人自擇

貞觀八年中牟縣縣丞皇甫德參給皇帝上書：「陛下修洛陽宮，是勞民傷財；加收地租，是橫征暴斂；婦女爭相梳妝高髻，講究妖冶的打扮，也是後宮帶的頭，致使風氣敗壞。」唐太宗閱後，很惱怒地說：「這個混蛋縣丞！他是想國家不征派一個勞工，不收一斗租糧，宮女全都剃光頭，才滿他的意嗎！」一怒之下，準備以誹謗罪逮捕皇甫德參。魏徵又一次進言勸諫皇上道：「古時候，賈誼曾給漢文帝上書，文中也有『可爲痛哭者一也，……可爲流涕者二也』之類的語言，可見自古以來，向皇帝上書時，如果言詞不激切，不能震動皇帝之心；爲了引起皇帝對上書所論事情的留心和重視，勢必語氣較重，用詞造句不免有點過頭。所謂『狂夫一言，聖人自擇』，只要陛下正確對待，有什麼大不了的呢？」

唐太宗息了怒，也想通了，感嘆道：「你勸諫有理，朕如果治這個人的罪，那以後誰還敢上書進言！」於是，不但免了皇甫德參的罪，還賜賞二十匹絹給他。過了兩天，魏徵知道了皇上對皇甫的處理結果後，又面奏唐太宗道：「陛下近來越來越不喜歡直言進諫了，有時儘管是對進諫的人勉強容忍，但總覺得不如從前那樣主動，那樣自然，那樣豁達大度！」經魏徵這般一針見血的提醒，唐太宗如夢初醒，不禁為自己不知不覺地變了而深感不安，他萬分感激魏徵這直言不諱的警告，並且馬上下令提升皇甫德參為監察御史，以實際行動表示了自己鼓勵直諫的決心。

正直其人

房玄齡、高士廉兩位宰相有一天去上朝，路上遇到了少府監竇德素。竇是負責朝廷基建和後勤的主管大臣，房玄齡、高士廉就關切地過問起「北門」近來又打算興修什麼工程？德素一五一十地向兩位宰相作了詳細匯報。過了兩天，這事不知怎麼傳到了皇上耳裡，有一次朝會時，唐太宗指著房、高二位宰相，質問道：「你們只管南衙的事情就行了，我北門有點營建工程，關你們什麼事，要你們來過問？」原來，唐代的中央政府各部門都集中在皇城南部宮殿群，俗稱「南衙」；而皇室住地卻在皇城西北部，俗稱「北門」。唐太宗這裡對房玄齡等人的質問，其實是在指責他們干涉了皇室所屬機構的事務，手伸得太長了。但南衙北門之分，是一種不成文的習慣看法，並沒有法律和制度上的依據。

但是，受到唐太宗的指責後，房玄齡、高士廉卻不敢申辯半句，只有不停地叩拜，一個勁兒地道歉謝罪。與此事並無關的魏徵卻跑出來「管閑事」了，他見此情景，走出朝會的班列，向唐太宗啓奏道：「臣不理解陛下爲何要責問房玄齡、高士廉，也同樣難以理解房玄齡、高士廉爲何要向陛下道歉認錯。房、高二臣既然是宰相，就是陛下的股肱和耳目，更是全國文武百官的總領導，少府監有哪些經營修造，他倆憑什麼過問不得？而陛下卻對宰相過問下級的工作情況加以指責，臣實在覺得奇怪！退一步講，就算少府監的事務不由宰相管轄，但他倆對北門的工程的利害得失、工期和質量以及役工花費等幫助皇上合計和策劃一下，有什麼不對的呢？如果是好事，就幫皇上去儘快完成它；如果不是好事，就說服皇上下令停止它。這一切是皇上委任大臣、大臣協助皇上的最基本原理，房玄齡他們沒有任何過失之處，而遭到陛下的批評和責問，所以臣實在是不理解；另一方面，房玄齡、高士廉不敢堅持自己的正確做法，在皇上的威嚴下面妥協退讓，只曉得一味道歉認錯，臣同樣也感到困惑！」一席話，把唐太宗說得愧意頓生，房玄齡、高士廉二人更是汗顏無地。

御前說王子大臣

唐太宗的第四子李泰，是長孫皇后親生，也是太子承乾的親弟弟。當時被封爲越王，任揚州大都督，後來改封爲魏王。李泰因是皇后親生，加之聰明絕倫，善寫文章，所以唐太宗特別喜愛他。可是偏偏有人向皇上反映：朝臣中三品以上的許多高級官員，對越王不恭不敬，甚至是怠慢輕蔑。告這種黑狀的人，意在攻擊侍中魏徵，想藉此激起皇上的憤怒，從而間離和挑撥皇上與魏徵的關係。這一招果然靈驗，唐太宗龍顏震怒。第二天，他駕臨齊政殿，把三品以上的高級大臣全部召來，等他們坐定後，就滿臉怒色地向大臣們大發雷霆：「我有些話，今天要向你們說一說。我想問問你們：以前的天子，就是天子；今天的皇帝，就不是皇帝嗎？以前天子的兒子，是天子的兒子；今天我的兒子，就不是天子的兒子嗎？」

宰臣們全都被皇上這劈頭蓋臉的一陣質問給震呆了，大家不明究竟，面面相覷，不禁有些惶恐失措，坐立不安。這些年來，從未見過皇上發這麼大脾氣，如此氣勢洶洶，大吼大叫的，到底是怎麼啦？正當大家不知所措、驚魂未定之時，唐太宗憤怒的聲音又在大殿中響了起來：

「我親眼見過以前隋朝的皇子親王們，該是何等的神氣，怎樣的威風！滿朝文武，誰敢不敬他三分？別說三品的達官顯宦，就是宰相，又怎麼樣？還不照樣受皇子的呵斥和打罵？如今，我的兒子，當然我不讓他們放肆，不准他們胡作非爲。可是你們卻都覺得不可怕了，不在乎了，開始欺負他們了！如果我放縱他們，他們難道就不會照樣打你們、罵你們，你們誰又敢怎麼樣？誰還敢小看他們、欺負他們！」

唐太宗的火發到這兒，已激動得說不出話了，只能坐在御座上直喘粗氣，兩眼仍憤怒地盯著殿內衆臣。滿堂頓時鴉雀無聲，一片安靜。衆大臣都被皇上的雷霆之怒嚇壞了，連頭都不敢抬，哪敢出聲呢？過了好一會兒，宰相房玄齡才驚魂稍定，回過神來，趕忙起座伏地，連聲謝罪。衆大臣也學著房玄齡，紛紛叩頭謝罪。這時，唯獨魏徵沒有叩拜，也沒有道歉謝罪，而是一下子從座位上站起，滿臉嚴肅地發言了。他說道：「當今群臣，並沒有誰敢輕蔑諸王。何況從禮典上講，大臣與皇子是同等的，都是皇上的臣子，不應有何高下之分。《春秋》的《傳》就記載過：『王人雖微，列於諸侯之上。諸侯用之爲公，即是公；用之爲卿，即是卿；若不爲公卿，即下士於諸侯也。』說的正是這個意思。今三品以上的官員，相當於古之公節，都是天子的輔政要臣，陛下一貫是對他們特別尊重和禮敬的。哪怕他們小有不是，越王憑什麼就可以隨便污辱！如果國家禮義倫常可以不講了，國法綱紀可以不要了，那就另當別論。可是如今是聖朝明君的時代，是禮義復興的社會，越王怎麼可以打罵大臣，隨便放肆？況且隋文帝不知禮義，寵樹諸王，使得他們無法無天，爲非作歹，紛紛落得個因罪被廢、被殺的悲慘下場。隋朝的做法是個壞榜樣，恰恰不應該去學，又何足一提呢？」

好個魏徵，臨危不懼，義正辭嚴，竟在怒氣頭上的唐太宗面前大唱對台戲，眞是膽大啊！可是，頭腦一時發熱、一時衝動的唐太宗，卻正需要這及時的一盆冷水，去清醒幾乎發昏的頭腦和瘋狂的情緒。遭此當頭棒喝後，不愧為高明君王的唐太宗，終於恢復了理智，恢復了常態。他立即感受到了來自魏徵的一種威嚴，一種正義的力量，他立即清醒地意識到了魏徵的這種威嚴和力量是因為無私造成的無畏，有理形成的有力！於是，他不惜立即收斂天子的龍威，立即循著這很有點難堪的梯子，自下台階，自己收場，以改變剛才的失態，扭轉和消除這一糟糕表現在臣僚中形成的惡劣影響。只見他的態度來了個一百八十度的大轉彎，滿臉堆笑，和顏悅色地說話了：「一個人說的話，如果確實在理，眞讓人不得不服氣。朕剛才講的話，反映了個人對子女的愛心；而魏徵的一番高論，更體現了國家利益。朕昨天的確為越王的事生氣惱火，自認為道理在朕這邊，等到聽了魏徵剛才所講的話，才發現朕完全沒有道理。哎，當一個皇帝，連說話也不容易呀！」下令嚴厲批評房玄齡等大臣的唯唯諾諾行為，並賜賞一千匹絹給魏徵。

諫太宗驕慢

貞觀十二年三月，唐太宗有了第一個孫子。當了爺爺的他，特別高興，把五品以上的中高級文武大臣全部召集到太子東宮，以酒宴款待大家，共同歡慶皇孫的誕生。席間，唐太宗作了重要講話，他在總結和回顧這二十多年的從創業到守成的歷程時，下了這樣的結論：「貞觀以前，幫我打天下者，主要是房玄齡的功勞；貞觀以後，幫我糾正錯誤，參議治國方針的，主要是魏徵的功勞。」當場贈給他們二人各一把御用佩刀。接著，唐太宗問魏徵：「我近來執政的情況，與往年相比有哪些變化？」這種問話，本意在暗示魏徵：希望藉你的威信，由你歌頌一下我的政績，鼓舞一下群臣的信心，裝點一下今天宴會的熱烈和喜慶氣氛。

然而，「不開竅」的魏徵卻認真地思索了一陣，然後又是那副莊重認真的嚴肅之態，恭恭敬敬地講開了：「論皇上的威望和國家的實力，比起貞觀初年都強得多；若要論臣民百姓的心悅誠服，恐怕還比不上貞觀初年。」唐太宗不解地問：「遠夷臣服，國泰民安，既是我的威力增強的結果，也應是我仁德服人的緣故吧？怎麼說人民對我的衷心擁戴反而比不上從前了呢？」魏徵道：「以前四方未定，天下未寧，陛下常以德義爲心，凡事考慮到天下百姓的疾苦和利害，所以辦事情與人民的想法和願望常常一致，人民對陛下的政務措施也就由衷地擁護，眞心地服從。不久以後，國家政局漸漸穩定了，社會經濟漸漸恢復了，沒有什麼大的動亂和災害來威脅皇上了，於是陛下也逐步地驕傲起來，奢侈起來，自以爲是起來，對人民的疾苦慢慢變得冷淡了，漠不關心了，對歷史上的沈痛教訓也逐漸忘卻了。雖然陛下的功績和事業大多了，但終究比不上貞觀初年。」太宗仍然有些不服氣，問道：「我現在的做法，與往年是一樣的，有什麼不同呢？」魏徵說：「在貞觀之初，陛下是惟恐別人不諫，常常鼓勵和引導臣下進諫；三年以後，有人上諫，還會高興地聽取採納；這一二年以來，卻不大情願臣下進諫了，雖然接受，也顯得很勉強，心裡其實不樂意，所以總是一副迫不得已或很爲難的樣子。」唐太宗說：「你憑什麼這樣說我，有什麼證據嗎？」魏徵：「陛下即位之初，就要判處元律師的死罪，孫伏伽諫道：『根據刑律，元律師不應判死罪，陛下不能濫用酷刑。』陛下不但欣然接受孫伏伽的勸諫，而且還重重地加以獎勵，賜給他一座價值百萬錢的蘭陵公主花園。有人議論道：『孫伏伽所諫只不過是件很平常的事，皇上的賜賞未免太過分了點。』陛下當時是這樣講的：『我即位以來，還沒有一位直言敢諫的人，今天重賞孫伏伽，就是要大力提倡和鼓勵敢諫之士。』這就是陛下在貞觀初年引導人們進諫的典型事例。過了幾年以後，徐州司戶柳雄曾在隋朝做官，在評定官階和品級時，弄虛作假，私自妄加，有人告發了他的罪行。陛下獲悉此事後，命令他自己坦白交待，自首認罪，否則予以嚴懲。但柳雄堅持說他的官階品級沒有弄假，是貨眞價實的，始終不肯認罪。經過大理寺官員反覆審理調查，證明柳雄確有此罪，皇上準備判處他的死刑。大理少卿戴胄進諫，認爲柳雄的罪，根據刑律條令，只應判三年以下的有期徒刑，不能隨意加重刑罰。當時陛下認爲應該處死，可是戴胄堅持己見，就是不同意皇上的決定。於是，陛下與戴胄爭執這個判決達四五次之多，最後陛下同意了戴胄的意見，赦免了柳雄的死罪，後來還拿此案做例子對司法部門的大臣說過：『只要大家能像戴胄那樣嚴格執法，就不擔心會錯殺亂判。』這是陛下能夠比較高興地納諫之例。近一兩年來，陛下卻有些變了。去年，中牟縣丞皇甫德參上書，惹得陛下大為不快，甚至要以誹謗罪追究他。其實臣下上奏，語言不若激切，是不能引起皇上注意的，過激的言詞當然會惹得人不痛快，確實有點像誹謗。當時，陛下雖然聽從了臣的勸告，未治他的罪，反而賜賞二十匹絹帛，但臣能看出，陛下的內心是不高興的，是極其勉強地接受臣下的勸諫和批評的。」

唐太宗聽了魏徵一席有理有據的話，便由衷地承認了自己的變化，說：「確實像先生所講的。除了先生哪個都不能給我說這些話。人最難的就是能夠自覺自悟，先生不說起這些，我還以為自己始終如一的做得很好，並沒有什麼改變。聽了先生的一席話，我不禁對自己的過失感到震驚和可怕。希望先生保持這份直諫的忠心，我一定不違背先生的教誨和期待。」

致君堯舜上

唐帝國做為中華民族歷史上最強盛的王朝，無論在政治、軍事上，還是在經濟、文化上，都創造過令後代子孫們永遠值得驕傲的巔峰式的輝煌。人們在千百年以後，還在如此激情滿懷地數說著這個強大王朝的種種豐功偉績，還能津津樂道著那個燦爛時代的英君賢臣、文治武功，還能忘情地陶醉地回顧和描繪著它繁華昌盛的通都大邑、層樓廣廈；還有這個時代的唐風唐韻、唐文唐詩、唐歌唐舞……人們可以如數家珍地屈指一一向全世界炫耀這個帝國的無數人物：傑出的君王有唐太宗、武則天、唐玄宗；蓋世的英豪有李密、竇建德、杜伏威、羅藝……；一代名將有李靖、李勣、秦瓊、程咬金、屈突通、侯君集、郭子儀；曠世不遇的名臣有房玄齡、杜如晦、王珪、馬周、長孫無忌、褚遂良、韓瑷、狄仁傑、張柬之、魏元忠、姚崇、宋璟、楊炎、劉晏、顏眞卿、陸贄、李德裕；還有李白、杜甫、白居易、王維、孟浩然、高適、岑參、李賀、李商隱等無數大詩人；有像陳子昂、王勃、韓愈、柳宗元、劉禹錫，這樣千百位大文豪；有李百藥、姚思廉、令狐德棻、李延壽、劉知幾這樣的著名史學家；有虞世南、歐陽洵、褚遂良、顏眞卿、柳公權、懷素、張旭等書法聖手；有陸德明、顏師古、孔穎達之類的通儒大師、學術名流；有閻立本、吳道子、李思訓、韓幹等丹青妙筆；有玄奘、慧能等名僧和宗教家；也有像唐明皇那樣的音樂家；像楊貴妃那樣的舞蹈家。也有傑出的天文學家、曆法家、地理家、水利專家和無數各行各業的能人和奇人。然而，遍數大唐人物誌，只有一種人物少得可憐，那就是思想家！難怪總有人感嘆：這麼輝煌的一個時代，竟是思想如此貧乏的歲月！傳統的哲學史論著，總是無一例外地要到像韓愈、柳宗元這樣的文學家中去找思想，到像玄奘、慧能這樣的僧侶裡去尋學說。的確，與偉大的時代、強盛的王朝相比，這時期的思想家眞是少了些，眞的有點不相稱，但絕不至於荒蕪得只剩下詩文書畫、琴棋樂舞。我認爲，唐朝有思想家，而且是大思想家，他就是魏徵！一位沈靜深刻的大智者，在萬衆喧囂中悄悄地構築起了中國中世紀的思想長城，他的思想，他的精神，他的人格，他的理想，他的作爲，他的心力，他的夢幻，他的靈魂，全都注入那一道道奏疏，一篇篇論章之中，如孤星獨耀，其光芒照徹了大唐三百年國祚；像醒者搖醉，其教誨不知警醒過多少帝王臣僚的頭腦。由於有了他，大唐的國運才得以從慘烈的戰亂之後更順利地勃興，創造了貞觀大治的不朽功業；

由於有了他，大唐的政治才能在專制的皇權下保持了充分的清明；由於有了他，激情昂揚的大唐文化才滲進了足夠的理由；由於有了他，中國的一部哲學史、思想史，才不致於到了唐代這一段，就缺章少頁，留下難堪的空白；由於有了他，中華五千年文明的承前啓後進程，像汩汩流淌的血脈，才免於產生栓塞和梗阻。他以驚人的毅力、深邃的思考、辛勤的經營，種植和栽培出了屹立於大唐土地上的最大一株思想之樹，這用智慧的心血澆灌出的長青之樹，枝繁葉茂，碩果纍纍，唐太宗得到了這棵巨樹的蔭庇，貞觀朝獲取了這棵巨樹的支撐，宋元明清的君臣們聞嗅過它散發的濃鬱花香，今天的我們，仍然能伸手採摘它的果實，咀嚼著它的苦澀，品嚐著它的甘甜……

好讀書，多所通涉

史學界對魏徵其人及其政治思想論述頗多，但對他的哲學指導思想論及較少。做爲唐太宗最主要的謀臣和諫臣，其政治觀點和統治學說的形成，是有特定的歷史和文化背景的，更是有一定的哲學思想指導的。本人以爲，從魏徵一生的行跡和言論上看，他的哲學指導思想，或者說他的政治思想的來源，他的世界觀和人生觀，是中國傳統思想學說的一種創造性綜合體系。這一複雜的體系，有強烈的現實功用色彩，即鮮明的入世的特徵。但就其中的成分因素進行解析，則不難發現，魏徵的哲學思想是以道家爲主體，以儒家爲輔助，以縱橫家和法家爲方法和形式，以墨家、兵家、農家爲補充，以佛教爲借鑒的一種看似駁雜實則縝密精緻的一套學說，我們可以給這種哲學取個具體的名稱：「組裝哲學。」然而，這種組裝，是如此地熟練、老道，將原本放在一塊就會產生摩擦和碰撞的部件，組裝得如此渾然一體，天衣無縫，操作起來十分管用。

從魏徵的出身、經歷和生平事跡各方面來考察，可以推斷他的思想來源及世界觀的形成過程。《舊唐書》卷七十一《魏徵傳》曰：「徵少孤貧，落拓有大志，不事生業，出家爲道士。好讀書，多所通涉，見天下漸亂，尤屬意縱橫之說。」關於魏徵的出身、家庭狀況、成長經歷，本書在第一部分已有過詳細介紹。這裡引此數語，需要讀者注意的是魏徵到底是走的怎樣一條學業的歷程。據我的瞭解，他應該是青少年時期在家中學習儒家經籍，到了隋末大亂的時候，他開始廣泛涉獵各家典籍，對先秦諸子著作均有濃厚興趣，尤其是縱橫家學說，更使他入迷和陶醉。但到了道觀當了一名道士，則主要攻讀道家經典、老莊之學，幾乎成了他的日課，且已經瞭如指掌，爛熟於胸。從他啓蒙識字時起，直到走出家鄉，走出道觀，參加隋末政治革命，這二十年時期，使儒門出身的魏徵得以系統讀書、潛心鑽研了大量的文化知識和各種思想學說。到了出山從政之時，他可以說是個學識淵博、不求科舉功名、但又胸懷鴻鵠之志的讀書人。唐史專家胡如雷先生曾撰文談過魏徵從政之前的情況，文章說：「他二歲時隋朝建立，十歲時隋滅陳統一了全國。大致他的前半生正當隋朝強盛昇平的階段，是有利於埋頭經籍、潛心鑽研的好時光。隋末農民大起義爆發的時候，魏徵已是三十多歲的成年人了，在政治上、學業上早已完全成熟，且正當而立年華，他必然面對動亂的時代認眞地考慮自己的前程。」文章又分析道：「魏徵既有大志爲什麼又要『出家爲道士』呢？既然當了道士，爲什麼又『屬意縱橫之說』呢？道士應當主要攻讀老莊的書，爲什麼還要『多所通涉』呢？《新唐書·魏徵傳》稱：『隋末亂，詭爲道士。』一語道破了他出家是假，毫無遁世避俗的念頭，道觀只是一時藏身之處，魏徵身著道袍，實際是在窺測方向，等看準目標後力求一顯身手。『縱橫之術』正是難世最有用的武器，『通涉』的各種典籍則包含著天下太平以後有用的政治思想和治國之道。所有的矛盾現象都可以從他懷抱「大志」這一點得到解釋。……可見這不是一個一般的道士，而是一個把縉紳當作襯衫穿在裡面的僞出家人，實際上是一個潛在的政治人物，只是當時尚未登上政治舞台扮演政治角色而已。」（〈魏徵——千古流芳的諫臣和一代著名的史臣〉，載《河北師院學報》一九八九年三期）不過在魏徵，老莊哲學或曰黃老之學對其影響更大也是事實。這從他與唐太宗的諸多討論即清楚地表現出來。

善惡興亡論

貞觀七年，太宗對侍中魏徵說：「自古侯王能夠保全善終的很少，都是由於生長於富貴，嬌生慣養，貪圖安逸，不懂得親君子遠小人的緣故。朕的衆多子女，也面臨著這一問題，希望讓他們多瞭解一些以前歷史上這方面的事跡和言論，作爲他們的警示和規範。」於是下令魏徵輯錄編寫古往今來帝王的兄弟子女們的成敗事跡，成爲一本書，名叫《自古諸侯王善惡錄》，書寫好後，唐太宗發給每位親王一本，當作修養的教材。魏徵在此書序言中，暢發其興善止惡的世界觀，文章說：

「觀察那些身當其期，承受天命，掌握天下版圖治理人民的帝王，都建置了至親諸侯來保障王室，事情記載在典籍上，可以拿來討論研究。從黃帝分封二十五個兒子，舜任命十六個部族首領，從此經過周朝、漢朝，一直到陳代、隋代，分裂國家、動搖社稷的根基的有不少。諸侯王有的安定王族，隨著時代沈浮；有的失去封國，忽然滅亡，不能繼續祖宗的香火。然而考察他們盛衰興亡的情況，功成名就的，都依靠最初分封的君王；喪國亡身的，多屬後繼襲封的子孫。這原因是什麼呢？始封的君王，遇上國家草創時期，看到成就帝王事業的艱辛和困難，知道父兄的憂勞勤苦，因此處上位而不驕奢，早晚不懈怠。有的設甜酒招待賢人，有的一飯三吐脯禮接賢人，所以喜歡聽逆耳的忠言，得到百姓的歡心。生前建立最高尚的德行，將恩澤遺留到身死之後。到了承襲封爵的子孫一代，多遇太平盛世，生於深宮大殿，長於宮女的呵護和溺愛，不因在高位的危險而憂懼，更難體會耕種收穫之艱難。親近小人，疏遠君子，寵愛美女，輕視美德，違背禮義，貪戀酒色，沒有節制，不守法紀，爲非作歹，踰名越份。仗恃國君的一時寵愛，就懷有與太子匹敵的企圖；自誇某一件事情的微小功勞，就產生不可滿足的願望。拋棄忠貞的正道，踏上犯法作亂的邪路。任性不聽規諫而違背天意，堅持錯誤而不知悔改。即使有梁孝王、齊王冏的功績，有淮南王、陳思王般的才華，也摧折了疾飛雲霄的翅膀，成爲涸轍之魚；丟掉了齊桓公、晉文公那樣的豐功偉績，落得梁冀、董卓那樣被殺頭示衆的下場。留作後世的這些明鑒，豈不令人可嘆可惜！太宗皇帝用聖賢的姿態，拯救了傾危的國運，顯耀七德，掃清六方；統一天下，萬國朝拜。安撫四方邊遠衆國，和睦海內黎民百姓。詠《棠棣》之樂章，念兄弟之深情，以連城賜封宗子，輔佐王室。心中充滿恩愛，無日不在思念。於是命令下臣，考察輯錄典籍所載，廣泛尋求借鑒，爲子孫後代而操心打算。臣特此竭盡忠誠，考察前人的訓戒。凡是藩鎮諸侯，屏翰重臣，有封國有家族的人，他的興盛必然由於積累善行，他的滅亡都是由於惡行所招。由此可知，不積累善行，就不能夠成就功名；不聚累惡行，就不會毀滅自身。那麼禍福不定，吉凶在於自己的表現，均是由人所招致，這個道理完全不是空話啊！如今錄出古代諸王們的行事得失，分別其善行、惡行，各爲一篇，書名叫《諸王善惡錄》。希望能使諸王見賢思齊，揚不朽之美名；知惡能改，避免重蹈失敗的覆轍。接受別人的好意見就會得到讚譽，能改過就沒有災禍，這關係到國家的興亡，能不努力自勉嗎？」

太宗讀過後，連連稱好，對諸侯王說：「這本書應當放在你們的左右，用作立身的原則。」

君子小人論

《太平經》曰：「天地人民萬物，本共治一事，善則俱樂，凶則俱苦，故同憂也。」（《太平經合校》第二〇〇頁）魏徵也是認爲善惡雖然取決於天，但最終還是要藉由人來表現的，人們應該合天心，避惡而趨善。並且還認爲天性對人性的制約並不是絕對的，人們後天的努力對人性的形成也發揮相當大的作用。所謂「見善思齊，聞惡能改」，正是強調這一點。道教認爲社會生活環境對人性的形成也有很大的影響，「善人之鄉者多善人，惡人之鄉者多惡人。」（同上六五〇頁）這未免把問題絕對化了，但他們意識到人不是彼此孤立的，而受其所生活的客觀環境的影響，這一點是對樸素唯物主義思想的一個繼承。魏徵也流露出了這一觀點，並作爲他政治學說立論的一個重要出發點，而在各種諫疏中反覆引用。例如他一再忠諫唐太宗的，自古亡國的帝王莫能善其終的規律是：帝王即位之初，大多能勵精爲政，「比跡堯舜」；等到政權穩定了，就在安逸的環境中「驕奢放逸」，莫能終其善。至於人臣，初見任用，還能匡主濟時，「追蹤於稷契」，及其富貴之後，就「苟全官爵，莫能盡其忠節」，結果造成「身亡國滅」。（見《貞觀政要》卷十《愼終》篇。）貞觀十年，魏徵又給唐太宗上疏，專門論述了爲善的君子與爲惡的小人，兩者的定義，區分辨別的方法和經驗，充分表達了他的「善惡觀」：

「至於君子和小人，外貌相同，但內心不一樣。君子掩飾別人的過失，贊揚別人的優點；遇到禍患不隨便希望倖免，犧牲性命去成全仁義。小人不把不仁當做可恥，不畏懼不義，只要對自己有利，就危害別人保全自己。如果是危害別人，那麼還有什麼做不出來的呢？如今想要求國家的治理，一定要把國事委託給君子。事情成功失敗，有時又去向小人諮詢。他們對待君子是嚴厲而疏遠，對待小人是隨便而親近。親近小人就無話不說，疏遠君子就使下情不能上達。這樣就導致褒貶決定於小人，刑罰施加給君子，確實關係到國家的興亡。你不愼重嗎？這就是荀子所說的：『叫聰明人謀劃的事，卻跟愚蠢的人去商量決定；叫品行端正的人實行的事，卻讓行爲卑鄙的人去審查考察它。如此做法，想要事情成功，哪有可能呢？』一般的人哪個沒有一點小聰明？但是他們沒有經國濟世的才能，考慮問題不能作長遠打算，即使竭盡力量和忠誠，還是不能避免國家傾覆的命運。何況內心懷有奸邪私利、迎合奉承的人，他們成爲禍害，不也是很嚴重嗎？本來樹立直的木棍，卻懷疑他的影子不直，即使竭盡精神，勞費思慮，事情得不到結果，也就很自然了。」

「如果想讓君子小人是非不混淆，必須用德行來安撫他們，會信用來對待他們，以仁義來勸勉他們，靠禮節來節制他們，然後才能喜愛好人好事，憎恨壞人壞事，賞罰嚴明。小人不能施展奸佞，君子努力向上永不懈怠，只用德教而不施刑罰，使天下達到大治的局面，爲時就不會太遠；如果喜愛好人好事卻不能落實，憎恨壞人壞事也不能貫徹，有罪的不受懲罰，有功的不得獎賞，有惡不能止，有善不能揚，那亡國的危機就絕對不可避免，想子孫後代永享康福，是毫無希望的。」

樂善與樂惡

魏徵還同意道教教義中的一個觀點，即善惡還取決於人的性情愛好，「樂惡，善精神至；樂惡，惡精神至。」（《太平經合校》六三九頁）人的主觀意願，情趣和喜好，對人的善惡之形成都有作用，強調了人的主觀意識對人性形成的影響，肯定精神的追求與精神文明的建設在揚善止惡，以達大治中的重要作用。貞觀十年，唐太宗與魏徵的一次談話，就說明了魏徵的這一認識。太宗說：「太子的輔導老師，自古以來就難以挑選。周成王幼年繼位，周公旦、召公奭爲傳保，左右都是賢人，足夠用來增長仁義，政治達到太平，被稱爲聖明君主。而秦朝的胡亥，秦始皇寵愛他，趙高作他的老師，教胡亥以刑法。到胡亥篡位爲帝後，就誅功臣、殺親戚，殘酷暴烈不止，很快就滅亡了。由此說來，人的善惡的確由親近的人那兒學來。我二十歲時交遊的人，只有柴紹、竇誕等人，他們不是有許多長處的人。到後來我居此帝位，治理天下，雖然趕不上堯舜的聖明，大約也避免了孫皓、高緯般的殘暴。從這一點上講，又不是從親近的人那裡學來，這是什麼原因呢？」

魏徵說：「中等智能的人，可以與他作善事，也可以與他做惡事；然而上等智能的人，自然不會受其影響。陛下從上天那兒接受使命，平定盜賊製造的大亂，拯救天下兆民的性命，治國達到了太平，難道柴紹、竇誕這些人能夠虧損陛下的聖德？不過，經書上說過：『遠離淫靡的音樂，疏淡奸邪的小人。』卻是至眞之理。親信的人之間，尤其應該特別謹愼才好。」太宗點頭說道：「你說得好！」

善善而惡惡，揚善而止惡，疏小人，近君子，這些從道論中繼承過來的理論，在魏徵的腦海裡留下深刻的印象，這種分析世界、看待社會人事的態度和原則，在他心中占有相當重要的位置，經常在政論中將其提高到爲人君的根本之道，治國的根本指針。例如，貞觀十一年，魏徵在唐太宗爲了處置有些太監派往地方充作外使，妄有報告一事時，就向太宗進諫勸導過：「閹豎雖微，狎近左右，時有言語，輕而易信，浸潤之譖，爲患特深。今日之明，必無此慮，爲子孫教，不可不杜絕其源。」爲防止宦官干預朝政，避免歷史上宦官專政、國家傾危的可怕局面。唐太宗經此提醒，便從此杜絕了宦官干預政事的現象，終其貞觀始終，宦官未有亂政的記載。與此同時，魏徵還特地就善惡問題和君子小人問題寫了一道奏疏，系統地闡發了他的善惡、忠奸、是非、好壞的社會觀點，疏文寫道：

「臣聽說做國君的人，要高度重視這樣一點：喜愛好人好事，厭惡壞人壞事，親近君子，疏遠小人。明確地愛善揚善，君子就會進用；公開地恨惡止惡，小人就會退避。親近君子，朝廷就不會出現不良的政令；疏遠小人，聽取意見就不會偏私曲邪。當然，小人並不是沒有一些小優點，君子也並不是沒有一點小過錯。但君子的過失是像白玉上的小斑點，小人的長處就像鈍刀割物的效果。鉛刀也能割幾下，技術高超的工匠卻仍不重視它，因爲雖有一點好處但掩不住衆多的弊短和毛病，小人有小優點也同樣掩蓋不住衆多的邪惡本質；白玉雖有微瑕，可是精明的商人不會因此就抛棄它，因爲小小的瑕疵不會影響白玉的整個美質和優點。如果喜愛小人的優點，說是好善興善；厭惡君子的小過失，說是恨惡抑惡，那就錯了，就好比認爲臭蒿和香蘭氣味相同，白玉和石頭沒有差別一樣。這就是屈原之所以沈江而死，卞和之所以抱著寶玉哭出血來的原因啊！已經知道白玉和石頭的區別，又能分辨臭蒿和香蘭的氣味，但好善卻不能揚善，喜歡好人卻不去提拔重用好人；恨惡卻不能止惡，痛恨壞人卻不能疏遠打擊壞人，這就是春秋時期郭國之所以滅亡、衛國大夫史魚之所以至死仍遺恨的緣故。」

「陛下聰明威武，天姿英明睿智。但是好善卻不重視選擇人材，憎惡卻未能疏遠小人。而且說出話來沒有隱諱，憎恨邪惡的態度太厲害了。聽到說別人的優點，未必完全相信；聽到說別人的缺點，認爲必定會如此。即使明智有獨特見解，恐怕在常理上還沒有盡善盡美。爲什麼會這樣呢？君子讚揚人的優點，小人愛攻擊別人的缺點。聽說別人的缺點就一定相信，那麼小人攻訐的手段就會增加；聽說別人的優點卻有所懷疑，那麼君子揚善的途徑就會減少。治理國家的人急於進用君子而黜退小人，卻在結果上適得其反，那麼，就證明君主在實踐中肯定出了差錯，君臣之間的倫理失去了常規，上下隔絕不通，國家的亂亡都無法去挽救了，還談什麼治理國家呢？用善行互相成全叫做同心同德，拿邪惡互相勾結叫做結黨營私。如今清水和濁水合流，善和惡沒有區別，把告訐攻擊當作誠實正直，把同心同德叫做結黨營私，結果，導致君王沒有什麼善人善行使他相信，而小人的誣告告訐卻輕易使他聽取奏效。這就是君王的恩澤不能施給臣下，臣下的忠誠不能表達給君王的原因，大臣不能分辨糾正，小吏又無人敢於議論，到處都承襲傳染這種不良風氣，渾渾噩噩形成了習慣。這是國家的不幸，更不是治理國家的樣子。它只能夠助長邪惡，混淆視聽，使君王不曉得什麼是可信的，臣下也不能互相安定穩固。如果不做長遠打算，狠狠杜絕它的根源，那麼後患是不能制止的。現在幸而還沒有使國家敗壞，是由於陛下有長遠的打算，雖然起初有過失，但是最後一定有成就。所以，如果世道稍有混亂，行事有了過失而不改正，即使是到時後悔也來不及了。既然行事不能拿來傳示後代子孫，又怎麼能拿個好的傳統留給將來？況且進用賢良、黜退邪惡，是施給別人；拿古代史實作爲鑒戒，是用於自己。照清楚自己的相貌要對著靜止不動的清水，省察自己的得失長短要拿賢德的人做榜樣。能夠用古代的賢王來省察自己做的事情，那麼是醜是美就明白如在眼前自己是好是壞也就心中有數了。無須勞神『司過官』的記載，也不必依靠老百姓的議論，巍巍大功一天天顯著，赫赫大名越來越遠揚。當國君的人，能不留心於這一點、致力於這一點嗎？」（參見《貞觀政要》卷五《公平》）

「貴靜輕動」論

運動和靜止是哲學中的一對重要範疇，對世界的看法與否的一個重要方面。

老子在其《道德經》中將其命名曰「變」和「常」。

有關魏徵的「貴靜輕動」的觀點，最有代表性的典範文章當推貞觀十一年他當特進時給唐太宗的一篇上疏，簡直可以看作是他主靜愼動的一個宣言。文章明確指出：「且我之所代，實在有隋，隋氏亂亡之源，聖明之所臨照。以隋氏之府藏比今日之資儲，以隋氏之甲兵況當今之士馬，以隋氏之戶口校今時之百姓，度長比大，曾何等級？然隋氏以富強而喪敗，動之也；我以貧窮而安寧，靜之也。靜之則安，動之則亂，人皆知之，非隱而難見也，非微而難察也。然鮮蹈平易之塗，多遵覆車之轍，何哉？在於安不思危，治不念亂，存不慮亡之所致也。昔隋氏之未亂，自謂必無亂；隋氏之未亡，自謂必不亡。所以甲兵屢動，徭役不息，至於將受戮辱，竟未悟其滅亡之所由也，可不哀哉！……臣願當今之動靜，必思隋氏以爲殷鑒，……知存亡之所在，節嗜欲以從人，省游畋之娛，息靡麗之作，罷不急之務，愼偏聽之怒。近忠厚，遠便佞，杜悅耳之邪說，甘苦口之忠言。去易進之人，賤難得之貨，採堯舜之誹謗，追禹湯之罪己，惜十家之產，順百姓之心。」（《貞觀政要》卷八《刑精》）

「靜之則安，動之則亂」，是歷史經驗的最好總結，是對道家政治哲學的最精闢概括。因為「水平則無損於堤防，人靜則不犯於憲章」。處在隋末動亂後的唐初社會，當務之急更是要穩定統治秩序，有一個安定的政治局面，少興風作浪，莫輕舉妄動，避免矛盾的激化和鬥爭衝突，儘可能相安無事，與民休息。魏徵若非深諳道家黃老的治國政治哲學，難能有此體會，有此眞知灼見。

不僅如此，就是制定國家的方針政策和法令規章，也要保持長久穩定，不能朝令而夕改。魏徵在貞觀十四年給唐太宗的奏疏中就提出：「政貴有恆，不求屢易。」

貴清靜，反對擾民的觀點，在魏徵的言論中還可舉出許多例子來。例如貞觀十年，唐太宗與大臣們討論創業與守成哪個艱難的問題時，魏徵在主張守成為難的看法中，這樣說過：「帝王之起，必承衰亂，覆彼昏狡，百姓樂推，四海歸命，天授人與，乃不為難。然既得之後，志趣驕逸。百姓欲靜而徭役不休，百姓凋殘而侈務不息；國之衰弊，恆由此起。以斯而言，守成則難。」（《貞觀政要》卷一《君道》）

老子曾在《道德經》中說：「躁勝寒，靜勝熱，清靜爲天下正。」（四十五章）「我好靜而民自正。」（五十七章）「不欲以靜，天下將自定。」（三十七章）以物理來看，陽之躁勝陰之寒，陰之靜勝陽之熱，相反而相爲用。推之於政理，時君方多事而有爲，故糾之以清靜無爲，相反相成，故能爲天下正。在老子看來，從事政治不可煩擾，所以要用清靜的方法，保持政治上的穩定，才能使各種事業自然發展，而得到一定的成效。老子還以「治大國若烹小鮮」來說明這個道理。「蓋事大衆而數搖之則少成功，藏大器而數徙之則多敗傷，烹小鮮而數撓之則賊其澤。」（《韓非子·解老篇》）所以治國者貴清靜，清靜則不擾，不擾則民安，安定則民自正。其次，從事政治，切忌「輕」、「躁」，而貴「重」、「靜」。因爲輕則多輕舉，躁則易妄動，輕舉妄動，鮮有不敗事的。所以善爲政者，必須持重、寧靜。持重則不輕舉，而計出萬全；寧靜則不躁進，而足以致遠。故老子又曰：「重爲輕根，靜爲躁君，是以聖人終日行，不離輜重。輕則失根，躁則失君。」（二十六章）

父子皆言忠孝——人生觀

沈重的道家治世思想，是魏徵學說的主要特徵。但在人生的另一方面，魏徵卻有著儒家的明確色彩。這或者是由於家教，或者是由於個人性格。

魏徵之父魏長賢本身就是個從小飽讀經史的淳儒，其政治品格特別值得稱道。北齊河清年（公元五六二～五六四年）間，曾以著作郎的身份「上書譏刺時政，大忤權幸」，由此被貶爲屯留縣令。當時親故認爲他「不相時而動」，即不識時務，有的人還寫信對他進行規勸和埋怨，他在給這些回信中，以一位純正的儒家知識分子的態度看待社會、人際關係及個人的前途、命運，無異是一篇正直的士大夫的「人生觀宣言」。因爲這封信是魏徵家史中迄今爲止最珍貴的一份史料，對說明魏徵的家風和家學，以及對魏徵的幼年成長過程中的影響極有意義，故不惜篇幅，全文抄錄如下：

「日者惠書，義高旨遠。誨僕以自求諸己，思不出位，國之大事，君與執政所圖。又謂僕祿不足以代耕，位不登於執戟，干非其議，自貽悔咎。勤勤懇懇，誠見故人之心。靜言再思，無忘寤寐。

僕雖固陋，亦嘗奉教於君子矣。以為士之立身，其路不一。故有負鼎俎以趨世，隱漁釣以待時，操築傅岩之下，取履圯橋之上者矣。或有釋賃車以匡霸業，委挽輅以定王基，由斬袪以見禮，因射鉤而受相者矣。或有三黜不移，屈身以直道；九死不悔，甘心於苦節者矣。皆奮於泥滓，自致青云。雖事有萬殊，而理終一致，榷其大要，歸乎忠孝而已矣。

夫孝則竭力所生，忠則致身所事，未有孝而遺其親，忠而後其君者也。僕自射策金馬，記言麟閣，寒暑迭運，五稔於茲。不能勒成一家，潤色鴻業，善述人事，功既闕如，顯親揚名，邈焉無冀。每一念之，曷云其已。自頃王室板蕩，彝倫攸斁，大臣持祿而莫諫，小臣畏罪而莫言，虛痛朝危，空哀主辱。匪躬之故，徒聞其語；有犯無隱，未見其人。此梅福所以獻書，朱云所以請劍者也。抑又聞之，嫠不恤緯而憂宗周之亡，女不懷歸而悲太子之少，況僕之先人，世傳儒業，訓僕以為子之道，厲僕以事君之節？今僕之委質，有年世矣，安可自同於匹庶，取笑於兒女子哉！是以腸一夕而九回，心終朝而百慮，懼當年之不立，恥沒世而無聞，慷慨懷古，自強不息，庶幾伯夷之風，以立儒夫之志。吾子又謂僕幹進務入，不畏友朋，居下訕上，欲蓋反損。僕誠不敏，以貽吾子之羞，默默苟容，又非平生之意。故願得鋤彼草茅，逐茲鳥雀，去一惡，樹一善，不違先旨，以沒九泉。求仁得仁，其誰敢怨？

但言與不言在我，用與不用在時。若國道方屯，時不我與，以忠獲罪，以信見疑，貝錦成章，青蠅變色，良田敗於邪徑，黃金鑠於衆口，窮達運也，其如命何！吾子忠告之言，敢不敬承嘉惠。然則僕之所懷，未可一二為俗人道也。投筆而已，夫復何言！」

這封信正氣凜然，說明長賢心口如一，忠貞不二，爲了儒家的忠孝二字，寧願殺身以成仁，也在所不惜，又哪怕挫折和誤解？這種標準的儒家士大夫的高風亮節，正體現了傳統儒家的道德觀念和人生態度、行爲規範。魏徵生長在這樣的家庭裡，得到父親如此的家教，耳濡目染，皆爲忠孝之教誨、節義之行事，儒家的精神可以說已經深深印在他的腦海，紮在他的心間，甚至融在他的血液中，化在他的骨髓裡！父親去世後，幼年的魏徵肯定無數次重新釋讀父親的這類教誨之語，那麼他對儒家經典的偏愛和感情，自然便不同於一般的青少年了。上文交代過，自北朝至隋代，儒學的發展並不像有些人想像中的衰微消歇狀況，而是興盛發達，有時甚至是狂熱和時髦的風氣。這正是青少年的魏徵所經歷的時代。他既不以生產聚積爲務，不求發財致富，也沒有升官從政之望。精力旺盛、求知慾又強的他，勢必只在讀書上傾注其極大的甚至是全部的精力和時光。而家風家學又是「世傳儒業」，其在家讀書時只有儒家的東西在物質和精神上武裝著他，捨此別無他途。從他幼小童蒙時起至青年以後出家當道士爲止，至少有二十年多的時間裡，魏徵是以習儒讀經爲主的。一個人長達二十多年的儒家思想的薰陶，假使他的人生觀和以後的言行實踐沒受儒家的影響，那眞是咄咄怪事！三十多歲以後的他，出家爲道士，哪怕每日讀老道之書，受道教的訓導和教誨，都可以說是被動的、有分辨的、有選擇的吸收，而不能與他青少年的自覺的、無形的薰陶相比。更何況他當道士只有短短四年（公元六一一～六一四年）時間，是無法與二十多年的家庭學習時間抗衡的，加之本書前文所分析的，魏徵當道士並非出於自願，是迫不得已的避亂世，觀時變之舉，所以魏徵讀道家之書，學道家之學，是以儒士的立身處世角度和儒士的是非善惡標準去判斷、選擇，有限地加以吸收的。從他日後的社會實踐看出，道家思想和學說只形成爲他分析和觀察世界的出發點和發揮其理想的一種技巧、手段、法術而已，是他一生的思想和實踐的兩個端邊，而他一生的理論學說、道德理想、行爲規範、修身治國的標準以及奮鬥的目標，卻全部是儒家思想的產物。

德治仁政

德治，是與法治對立而言的，作爲儒家思想的社會觀，它幾乎成了一面儒家的政治旗幟。德治，顧名思義，就是靠品德爲榜樣，以美善的行爲做表率，去教化人民，帶領人民，讓舉國趨善避惡，興利除害，從而上行下效，蔚然成風，人人達到高度的修養，高度的自覺，天下便可刑措不用，干戈自息，和睦安定，怡然康樂，於是就實現了「大同治世」。儒家一提到德治的標準，必舉堯舜禹三代，這是他們心目中的理想境界，最典型的文獻首推《禮記·禮運篇》中的那段文字：「孔子曰：『大道之行也，與三代之英，丘未之逮也，而有志焉。大道之行也，天下爲公，選賢與能，講信修睦。故人不獨親其親，不獨子其子；使老有所終，壯有所用，幼有所長，矜寡、孤獨、廢疾者皆有所養；男有分，女有歸。貨，惡其棄於地也，不必藏於己；力，惡其不出於身也，不必爲己。是故謀閉而不興，盜竊亂賊而不作。故外戶而不閉，是謂大同。』」今大道既隱，天下爲家，各親其親，各子其子，貨力爲己；大人世及以爲禮，城廓溝池以爲固，禮義以爲紀，以正君臣，以篤父子，以睦兄弟，以和夫婦，以設制度，以立田里，以賢勇知，以功爲己。故謀用是作，而兵由此起。禹、湯、文、武、成王、周公，由此其選也。此六君子者，未有不謹於禮者也，以著其義，以考其信，著有過，刑仁講讓，示民有常。如有不由此者，在勢者去，衆以爲殃。是謂小康。」這類儒家的經典所描繪的「大同」「小康」的圖畫，正是後世士大夫們無數代人爲之奮鬥的理想國。魏徵既受儒學薰陶至深，其理想又何嘗能例外？

而要達到德治的目的，必然要求統治者實行「仁政」和「王道」。換言之，由孟子提出的「仁政王道」正是「德治」能否實現的充分必要條件，儘管「仁政王道」並不是純粹的道德觀念，而已構成一種社會經濟政治綱領。但這種綱領是完全建立在心理的情感原則上的，「先王有不忍人之心，斯有不忍人之政矣。以不忍人之心，行不忍人之政，治天下可運之掌上。」（《孟子・公孫丑上》）「老吾老，以及人之老；幼吾幼，以及人之幼。天下可運於掌。……言舉斯心加諸彼而已。故推恩足以保四海，不推恩無以保妻子。」（《孟子・梁惠王上》）

可見，這種治國平天下的德治基礎，還是「推己及人」的「忠恕之道」，即一種社會道德思想和人心原則。

魏徵對唐太宗的諍諫，可以說是無時無刻不在宣揚儒家的「德治」的。《舊唐書·王珪傳》記載，唐太宗命令王珪把貞觀數名大臣實事求是地評價一番，王珪便用最精煉的語言概括諸名臣的總體印象和最大特點，他當時評論魏徵是這樣說的：「以諫諍爲心，恥君不及堯舜，臣不如魏徵。」在場所有人都認爲是一種「確論」。的確，魏徵的最高社會理想就是「三代之英」，就是要當今的君王及其政權「比跡堯舜」，「效法湯、武」。貞觀十三年，是魏徵從政的晚期，思想是最成熟的時期，他上給唐太宗的〈十漸不克終疏〉，可稱是其思想的系統化結晶體。在這篇奏疏裡，他指出：「伏惟陛下，年甫弱冠，大拯橫流，削平區宇，肇開帝業。貞觀之初，時方克壯，抑損嗜欲，躬行節儉，內外康寧，遂臻至治。論功則湯武不足方，語德則堯舜未爲遠。臣自擢居左右，十有餘年，每侍帷幄，屢奉明旨。常許仁義之道，守之而不失；儉約之志，終始而不渝。一言興邦，斯之謂也。德音在耳，敢忘之乎？而頃年以來，稍乘曩志，敦樸之理，漸不克終。」對貞觀初期的統治，他是肯定的，認爲快接近湯、武，幾乎離堯、舜的理想社會不遠了。而這一統治佳績的取得，是由於堅持仁義之道和儉約之志的結果。只要堅定不移地走「德治」之路，行「王道」，施「仁政」，就可國泰民安，天下大治。這就是他指的「一言興邦」。可是，貞觀中後期以來，他痛心地看到唐太宗「稍乖曩志」，離「仁政」漸漸遠了，開始偏離了「德治」。

德治之德

這「德治」之「德」究竟有些什麼內容呢？多種多樣的德有何區分，有何高下呢？魏徵在另一篇膾炙人口的論文〈十思疏〉中，已有過自己的看法。首先闡明了有非凡才能的人，順應時機，拯救危亡的國家和水深火熱中的百姓。傾覆的國家重新被扶正，鬆弛的道德規範重新得到恢復，遠方的民族前來朝拜臣服，國家達到和平與安寧很迅速；戰勝殘暴，消除殺戮，也不是遙遠的事。現在，隋朝的宮殿觀閣、亭台樓榭被我們全居住了，奇珍異寶全爲我所藏了，宮中美女佳麗全來侍候於我了，舉國之內，盡是我的臣僕，天下領土，全屬我的統治。在這種變爲統治者以後的形勢下，該怎麼辦呢？拿什麼方法統治最好呢？當然應該是以德治國。魏徵就幾種層次分析了「德」與統治之關係。

他說：「若能鑒彼之所失，念我之所得，日愼一日，雖休勿休，焚鹿台之寶衣，毀阿房之廣殿，懼危亡於峻宇，思安處於卑宮，則神化潛通，無爲而治，德之上也；若成功不毀，即仍其舊，除其不急，損之又損；雜茅茨於桂棟，參玉砌以土階，悅以使人，不竭其力，常念居者之逸，作之者勞，億兆悅以子來，群生仰而遂性，德之次也。若惟聖罔念，不愼厥終，忘締構之艱難，謂天命之可恃，忽採椽之恭儉，追雕牆之靡麗，因其基以廣之，增其舊而飾之，觸類而長，不知止足，人不見德，而勞役是聞，斯爲下矣。」

他將入君之政劃分爲三德：上德應該學習和追求；次應應爲根本和基礎，力爭維護和保持；下德應該避免和改正。接著，他又把「德」的保持和加強，上升到國家治亂興亡的高度。「臣聞求木之長者，必固其根本；欲流之遠者，必浚其泉源；思國之安者，必積其德義。源不深而望流之遠，根不固而求木之長，德不厚而思國之理，臣雖下愚，知其不可，而況於明哲乎！」其實，早在唐太宗即位之初，在關於實行什麼方針政策以治理國家的一次重要會議上，魏徵就旗幟鮮明地提出以德治國、以王道為政的指導思想，批駁和反對「若不行法律霸，則天下不可致化」的觀點，列舉五帝三王的以德致化、以仁政行王道的事例為思想武器，為「貞觀之治」奠定了治國總方針。後來唐太宗在回顧其貞觀之治的取得時，對群臣說：「貞觀初，人皆異論，云當今必不可行帝道、王道，惟魏徵勸我。既從其言，不過數載，遂得華夏安寧，遠戎賓服。……使我遂至如此，皆魏徵之力也。」（《貞觀政要》卷一《政體》）至於所倡的「仁政」或「王道」的具體內容，包括經濟上的重農、保民；政治上的尊賢、重文輕刑；軍事上的不嗜殺、重威信；社會結構上的「出入相友，守望相助，疾病相扶持」統治者修養上的抑欲克己，敦信修仁，戒奢縱、慎所好，謙讓儉約，崇儒講禮，勤政勿荒怠；社會風氣上的忠、義、孝、友、公、平、廉、節、誠、信……涉及面很廣泛，我們放到下面本些章節去探討，較為妥當。

勸君如琢玉

要想治國平天下，必先自我修身。魏徵在貞觀元年任諫議大夫時，即向唐太宗表明了這一觀點。唐太宗自己感嘆地講：「如果想安定天下，必須首先使自身行爲端正。就像沒有身子正而影子彎折，上邊治理好了而下面反而混亂的。我經常想，損傷自身的原因並不在自身以外的事物，大都由於自己各種不良的嗜好和慾望所造成的禍患。假若過度地愛好美味佳肴，沈湎於歌舞美女，那麼，所享受的越多，所損傷的也越大。」魏徵對皇上的表述十分贊同，他進一步總結並強調「修身」之重要性：「古代聖明的君主，大多是就近修養自己，所以能夠高瞻遠矚，清醒地認識到事物的本質。過去楚國聘用詹何，詢問他治國的要領，他用注重自身品德的修養方法來回答。楚王問這樣的方法治理國家效果如何？詹何說：『沒有聽說個自身品行端正，國家還會混亂的。』陛下所述的感受和體會，確實符合自古以來的眞理！」（見《貞觀政要》卷一《君道》）魏徵所反覆向唐太宗勸說宣揚的修身之道，用「仁義道德」即可囊括殆盡。

這一點可以從唐太宗的一席話爲例證。他在貞觀七年對魏徵當面說過：「玉，雖有美好的本質，當它還在石頭中間，沒有經過技藝高超的玉工琢磨時，與瓦塊碎石沒有什麼區別。倘若經過雕琢後，就會立即成爲萬代流傳的無價之寶。朕雖然沒有玉一般的美好本質，供先生雕刻磨製，但有勞先生一直拿仁義來要求朕，用道德來光大朕，使朕的功業達到如今這種可喜的成就，先生也足以稱得上是位技藝高超的偉大工匠啊！」（見《貞觀政要》卷一《政體》）

再如貞觀十六年，唐太宗問魏徵道：「我約束自己，一心一意地治理國家，仰慕前代雄才大略的帝王，期望趕上他們。積累道德、增加仁義、建立偉業、爲民謀利這四件事，自認爲是首要的大事，我總是自勉要將這四件事做好。然而人苦於無自知之明，對我的政績，不知道優劣如何？希望聽聽你的看法。」魏徵也直言不諱地答道：「以上四事陛下確實都在兼顧實行。只是，內平禍亂，外服戎狄，是陛下的功業；安撫天下百姓，使其各謀所業，各盡其力，是陛下所謀的利。這兩樣陛下的確做得很多很好；只是德行和仁義這兩項，還望陛下要進一步努力追求，是一定能達到理想境界的。」（同上，卷三《君臣鑒戒》）由以上兩例可以看出，魏徵一直是把「仁義道德」作爲概括其理想人格的內容，作爲自己做大臣的人格標準，同時也將它當作帝王的人格標準，不斷地向皇上進說這一主旨。君與臣在恪守「禮——仁」結構的理想人格上是互有責任和義務的，在人格面前是平等的，不是偏頗的。

貞觀十年，魏徵在上疏中寫道：「臣聞爲國之基，必資於德禮；君之所保，惟在於誠信。誠信立，則下無二心；德禮成，則遠人斯格。然則德禮誠信，國之大綱，在於君臣父子，不可斯須而廢也。故孔子曰：『君使臣以禮，臣事君以忠。』又曰：『自古皆有死，民無信不立。』……不信之言，無誠之令，爲上則敗德，爲下則危身，雖在顚沛之中，君子之所不爲也。」（同上，卷五《誠信》）君王對臣下要講禮，臣下對君王要講忠，君與臣含有一種對應或對等關係，雖然這種關係有些偏執一方，但是行爲雙方畢竟有互相牽制、相輔相成的性質，這是合理的內涵，是儒家道德理想體系中最典型的理論。由此擴而大之，君仁臣忠，父慈子孝，兄悌弟恭，夫義妻順，均是對等要求的，一方不然，對方亦不然；只有一方做到了，對方才認爲應該做到。貞觀十四年，魏徵向唐太宗上了一道奏章，再一次詳論這一君臣互盡道德責任的問題，而且論述的重點放在對君王的道德和人格的要求上。他先把是把國君比喻爲人的頭腦，臣民爲人的四肢，都是人的有機組成部分，缺少哪一種都不能算是完整的人。接著他舉出許多前朝往代的史實爲例證，說明君應該對臣下以禮，臣下才可能向君王盡忠。君王的行爲應爲前提條件，臣下的行爲只是反映和結果。得出的結論是：如果君把臣當成自己的手足，臣民就會把君王看成自己的心腹；君如果把臣當作狗馬，臣也就把君當成普通的凡人；君如果把臣當成糞土，臣就把君當作仇敵。那麼，作爲君王，是不能對臣民無禮的。因爲臣民是水，君王是舟，水能浮載舟，也能打翻舟；只有船害怕水，水是不怕船的；又因爲君王是魚，百姓是水，魚失去水就會死，而水失去魚仍舊是水。所以，君王應對臣民有禮，才能換來人民的忠心和擁戴。這道奏章顯然是受到孟子「民爲貴，社稷次之，君爲輕」思想的影響而闡發出來的。

魏徵雖然常常將善人和惡人，君子與小人等相對而稱，用以指代好壞雙方的人和事，但他並不認爲人天生就是惡的，而是恰恰相反，他是繼承孟子的「性善」論，強調人天生本善，惡性只是後天由於環境條件的影響和自身修養不足或缺乏所致。例如，他和唐太宗討論得最多的隋煬帝，可算是他們心目中的頭號敵人和最大的壞蛋了，然而，魏徵卻不止一次地說過：「昔在有隋，統一環宇，甲兵強盛，三十餘年，風行萬里，威動殊俗，一旦舉而棄之，盡爲他人之有。彼煬帝豈惡天下之治安，不欲社稷之長久，故行桀虐，以就滅亡哉？」（同上，卷一《君道》）隋煬帝也希望國家安寧，也惟願社稷江山萬年永固，並不是故意要推行反動暴政，更不願意造成自己的滅亡。他只是依恃自己的強大，做事不考慮後患，隨著國家的富足和社會的安定，他便漸漸地變得驕傲、放縱、奢侈、多慾、虛榮、貪功、猜忌、剛愎、狹隘……直至累積多種罪惡，形成了百姓無法忍受的暴政，激起人民的反抗，落得國亡身死的下場。這些也是典型的儒家思想之一。

節儉制慾，克己爲人

節儉克慾，克己爲人，是儒家的傳統道德觀念之一，孔孟及秦漢之際的儒學曾大量論及這一觀念，在魏徵的道德觀中自然也占有重要的地位。他最著名的諫章〈十漸不克終疏〉，就是以這一思想爲基礎而展開論述的。文章指出，自古以來，帝王「布政天下，其語道也必先淳樸而抑浮華，其論人也必貴忠良而鄙邪佞，言制度也則絕奢靡而崇儉約，談物產也則重穀帛而賤珍奇。」這是無數代帝王盛衰興中總結出來的眞諦。大凡統治者在奪取天下或剛得天下時，往往還能「遵之以成治」，可是，一旦天下坐穩了，國家稍安了，卻「多反之敗俗」。即使英明的當今皇上唐太宗，也有這種傾向，貞觀之初，能夠「常許仁義之道，守之而不失；儉約之志，終始而不渝。」近年以來，卻「稍乖曩志，敦樸之理，漸不克終。」然後，魏徵列舉了十種唐太宗不能保持初年「儉樸」作風的現象，指出其轉化蛻變的事實和思想軌跡，讓皇上明白其不知不覺的「漸變」是多麼危險和可怕！當初克敵制勝、天下歸心的法寶——儉約淳樸的優良傳統眼看就要喪失了，丟掉了，多麼地令人震驚和痛心！這十種「漸不克終」依次是：

第一，貞觀之初，無爲無欲，清靜之化，遠被遐荒。……今則求駿馬於萬里，市珍奇於域外，取怪於道路，見輕於戎狄。

第二，貞觀之初，視人如傷，恤其勤勞，愛之如子。每存簡約，無所營爲。頃年以來，意在奢縱，忽忘卑儉，輕用人力。

第三，貞觀之初，損己以利物；至於今者，縱慾以勞人。卑儉之跡歲改，驕侈之情日異。由樂諫變爲懼諫、杜諫。

第四，貞觀之初，砥礪名節，不私於物，唯善是與，親愛君子，疏斥小人。今則不然，輕褻小人，禮重君子。重君子也敬而遠之，輕小人而狎而近之。

第五，貞觀之初，動遵堯、舜，捐金抵璧，反樸還淳。頃年以來，好尚奇異，難得之貨，無遠不臻；珍玩之作，無時能止。上好奢靡而望下敦樸，末作滋興而求農人豐實，其不可得亦已明矣。

第六，貞觀之初，求賢若渴，善人所舉，信而任之，取其所長，恐其不及；

近歲以來，由心好惡，或衆善舉而用之，或一人毀而棄之；或積年信而任之，或一朝疑而遠之。

第七，貞觀之初，事惟清靜，心無嗜慾。內除華弋之物，外絕畋獵之源。數載之後，不能固志。雖無十旬之逸，或過三驅之禮，遂使盤遊之娛見譏於百姓，鷹犬之貢遠及於四夷。以馳騁爲歡，莫慮不虞之變。

第八，貞觀之初，敬以接下，君恩下流，臣情上達，咸思竭力，心無所隱；頃年以來，多所忽略，或外官充使，奏事入朝，思睹闕庭，將陳所見，欲言則顏色不接，欲請又恩禮不加。間因所短，詰其細過，雖有聰辯之略，莫能申其忠款，而望上下同心，君臣交泰，不亦難乎？

第九，貞觀之初，孜孜不感，屈己從人，恆若不足。頃年以來，微有矜放，恃功業之大，意蔑前王；負聖智之明，心輕當代，此傲之長也。欲有所爲，皆取遂意，縱或抑情從諫，終是不能忘懷，此欲之縱也。志在嬉遊，情無厭倦，雖未全妨政事，不復專心治道，此樂之極也。率土又安，四夷款服，仍遠勞士馬，問罪遐裔，此志之滿也。

第十，貞觀之初，頻年霜旱，畿內戶口並就關外，攜負老幼，來往數年，曾無一戶逃亡，一人怨苦，此誠由識陛下矜育之懷，所以至死無攜貳。頃年以來，疲於徭役，關中之人，勞弊尤甚。雜匠之徒，卜日悉留和雇；正兵之輩，上番多別驅使。和市之物不絕於鄉閭，遞送之夫相繼於道路。

魏徵的本色是個政治家，他一生最大的貢獻，一是促成了唐初的「貞觀之治」，二是留給後人寶貴的政治思想的精神財富。其中尤爲寶貴的是他的政治主張和治國方略。

魏徵的一整套政治學說都是在他長達三十餘年的政治實踐活動中逐步形成的。然而，我們不能據此理解爲其政治思想是在現實中摸索積累而成的，在某種意義上，應是恰恰相反，他的一套理論和主張，倒是絕大部分從前人的思想中吸收而得，只是在經過現實政治的檢驗之後，有所揚棄，根據現實政治的具體情況隨時發表出來。於是，欲弄清魏徵的政治思想的基本內容和成分，就必須先探尋其思想來源。據我的初步研究，其政治思想來源極其複雜，隋以前中國政治思想史上的重要流派和各時期的重要政治理論，都被他有效地吸收和消化。其中對他影響最深的是儒道兩家的政治主張，其次是墨家和農家，至於法家的東西，只是在統治術中繼承和改造了一些東西，影響最小。具體一點來看，魏徵承襲取材最多者爲道家的無爲政治思想和儒家的文德政治思想；對他影響最大的歷史人物爲老子、孔子、孟子、荀子、韓非、賈誼、王符、諸葛亮等人。

以隋朝為鑒

這期間從先秦到魏晉南北朝，直至隋朝，中國歷史已是王朝數迭，政權頻換。人民大衆的反抗鬥爭，統治階級的分化、瓦解，江山社稷的興亡盛衰，不知給多少有識之士帶來巨大的感觸和強烈的震撼，不知使多少統治者不得不沈痛地反省和深刻地思索。這些感觸、震撼，這些反省和思索，經過千百年的積累和流傳，經過無數人的闡發和檢驗，逐漸由政見變成政策。從先秦的儒家主張，老道治術，到秦漢的法家任刑，黃老合流；從董仲舒的獨崇儒術到東漢的讖緯神學；從漢代的輕徭薄賦，與民休息，到魏晉的玄學清談，儒道兼綜，各種政治主張紛紛登上歷史舞台，一展身手。

於是，可供處於中國封建社會中期的魏徵採擇、借鑒、吸收、繼承的東西眞是太多了。

人生目標

任何一個政治家都是懷著他的理想，帶著他的抱負而投身於政治實踐的。

《舊唐書》本傳稱魏徵「少孤貧，落拓有大志」，這種「大志」是什麼呢？不是想發大財，成爲大地主、大商人，因爲他平生「不事生業」，根本就不把發家致富、置產業過日子放在心上。他也不是想成爲大學者，雖「好讀者」，但不是皓首窮經的書生型，而是「多所通涉」、「尤屬意縱橫之說」。那麼他到底是一種什麼「大志」呢？他曾跟隨過隋代大學者王通學習一段時間，當王通有一次問起他的志趣時，魏徵坦率地回答：「願事明主，進思盡忠，退思補過。」（《中說·天地》第二）原來他的大志就在輔助一位有作爲的英明君王，做一番拯世濟民的大事業。有關魏徵抒發和流露個人情感和心性的文學作品非常罕見，僅能搜集到的一些篇章，卻都能給我們一種奮發向上、進取有爲的積極印象和激勵力量。他出家做道士時，曾寫過一篇〈道觀內柏樹賦〉，此賦有一篇序，其文曰：

元壇內有柏樹焉，封植營護，幾乎二紀。枝幹扶疏，不過數尺，籠於衆草之中，覆乎叢棘之下，雖磊落節目，不改本性。然而翳薈蒙蘢，莫能自申達也。惜其不生高峰，臨絕壑，籠日月，帶雲霞，而與夫擁腫之徒，雜糅茲

也。此豈所謂方以類聚，物以群分者哉！（《全唐文》卷139）

從這一短序中就表達了他不甘沈淪，不願碌碌無爲了此一生的雄心，希望有朝一日擺脫於衆草和叢棘，屹立於高峰之上，絕壑之畔，籠日月，帶雲霞，那該是何等的壯觀和偉大！那麼魏徵的雄心壯志到底落實在怎樣的目標上呢？他的政治理想到底是什麼樣子呢？王珪總結魏徵政治行動的最大特點是：「以諫諍爲心，恥君不及堯舜」，這句話的確說到重點上。我們全面瞭解魏徵的一番言論和行動，也不得不做出同樣的結論：他的政治理想就是希望透過君臣齊心協力地奮鬥，把大唐帝國的國運保持下去，使它穩固而長久。在此基礎上，將大唐帝國變成一個政治清明，經濟繁榮，文化發達，人民生活富足幸福，能趕上或超過往古太平盛世的「治世」。

致君堯舜上

魏徵把這個理想經常用「三代」、「三皇五帝」、「堯舜」、「軒、唐、舜、禹」等上古聖王的字眼來代表，這些上古的聖王之世，儼然是他心目中最高的社會境界。「若君爲堯、舜，臣爲稷、契，豈有遇小事則變志，見小利則易心哉！……以陛下之聖明，以當今之功業，誠能博求時俊，上下同心，則三皇可追而四，五帝可俯而六矣。夏、殷、周、漢，夫何足數！」（《貞觀政要》卷君三《臣鑒戒》）往古的這些聖賢君王，在封建社會的君臣心中，是百代之楷模，萬世之垂範，是幾乎可望可思而不可及的偶像性的最高榜樣，魏徵把他們的名字和事跡不時掛在嘴上，寫進奏疏之中，意在激勵自己，同時也鞭策皇上，把這種理想當作精神的支柱，當作力量的源泉，更把它當作治國的一面旗幟，對現實政治進行反省和批判的一種武器。例如：「臣聞道德之厚，莫尙於軒、唐；仁義之隆，莫彰於舜、禹。欲繼軒、唐之風，將追舜、禹之跡，必鎭之以道德，弘之以仁義，舉善而任之，擇善而從之。」（同上，卷五《公平》）拿上古聖王明君爲榜樣，勢必提高了對當今皇上的各種要求，嚴格了當時政治成敗得失的衡量標準。魏徵絕不滿足於自己無過失，君王不昏暴就行了，他永遠站在堯舜的高度不斷地用批判的態度對待時政，對唐太宗更是時時刻刻不放過，有纖毫之錯失必規勸，有顯明的大過失更嚴正強諫，即使是皇上沒有錯誤時，也仍要高舉他的理想政治的上方寶劍，教育皇上保持清醒和理智，要防微杜漸、居安思危；提醒他未善未竟事情多得很，絕不能自滿，絕不可鬆懈。很有點「革命尚未成功，同志仍須努力」的意思。例如本書前面所介紹的諫止唐太宗泰山封禪的故事，就生動地體現了魏徵的政治理想和奮鬥目標。照一般政治家的目標，一個王朝做到了「匈奴克平，遠夷入貢，符瑞日至，年穀頻登」的政治效果，已經夠偉大了，夠資格去慶祝、歌頌的了。可是魏徵卻「以爲不可」。他雖然看到了成就的偉大，更看到了面臨形勢的嚴峻，困難的艱鉅，任務的沈重。只要沒有達到「堯舜之世」的目標，人君就永遠不應自滿，國家就永遠不應慶祝歌頌。這種高度的政治責任感和嚴於律己的政治態度，眞令千百代後人爲之動容，爲之肅然起敬！

貞觀十二年，「貞觀之治」的局面已經基本上形成了，唐太宗心裡的喜悅和自豪可想而知。作爲一個兢兢業業的皇帝，眼見一個太平治世實現在自己的頭上，照理是應該品嚐一下勝利的果實了，可以喘口氣陶醉一番了。於是，他不無得意地、帶著幾分炫耀幾分自我欣賞地問魏徵：「近來我所推行的政治和教化，比起以前怎麼樣啊？」魏徵何嘗不通人情，何嘗不解人意？但他擔憂皇上滋長驕傲自滿之心，擔憂國家不再像初創時那樣小心謹慎、兢兢業業，擔心他們不肯再吃苦努力朝「堯舜」的目標去奮鬥，於是，就只得狠下心來潑皇上的冷水，掃皇上的雅興了。他嚴正指出：「若德義潛育，民心悅服，比於貞觀之初，相去又甚遠。」「旋以海內無虞，漸加驕奢自溢。所以功業雖盛，終不如往初。」不要責怪倔強的魏徵不知趣，不討人喜歡，有頭腦的皇上不應該對魏徵生氣和惱怒，要知道，他才是帝王們最大的功臣和最忠誠的朋友！唐太宗是英明的皇上，因爲他終究沒有生氣和惱火，而是「及見公論說，過失堪驚」，終於被冷水潑得清醒了。最後還鼓勵魏徵：「公但存此心，朕終不違公語。」（同上，卷二《納諫》）

八個方面的主張

魏徵就是這樣爲一個很高境界的政治理想而不懈地奮鬥著。在奮鬥的過程中，他並非一味只是對理想的追慕和懷想，並非單純地把它作爲一種精神寄託和支柱，而是爲了實現這個理想，實實在在地訂下一個個奮鬥的目標，既有近期目標，也有長期規劃。這些奮鬥目標於是便構成了魏徵的政治主張和方略的基本內容。簡而言之，就是：第一點，吸取歷史上治亂興衰的沈痛教訓，尤其是隋朝滅亡的慘痛事實，提出「守成」之說，旨在維持和鞏固來之不易的封建政權。第二點，闡明重民（或民本）思想，主張輕傜薄賦，不過分地剝削和壓迫人民。第三點，探討新生的政權向何處去？是行霸道還是王道，文治還是武治，德治還是法治？確定了以「文德治國」爲主的統治方針。第四點，在論述「臣道」和君臣關係的理論上提出一套較完整的如何識人、用人的主張。第五點，以儒道兼綜，法家輔之爲指導，主張爲政務在寬簡，省刑愼罰的主張。第六點，提倡和推廣仁、義、禮、誠、信、儉、公、直等優良風尙，重建儒家的精神文明。第七點，不炫耀武力，不輕啓戰端，對民族關係主張在以我爲中心基礎上的和睦政策。第八點，重視統治者文化水準和政治水準的修養，提出「居安思危，愼初善終」的統治術。

以上八個方面，基本上概括了魏徵的政治思想和政治實踐的全部內容。這些也是魏徵最主要的生平事跡，反映了他的功績和價值。所以，我們也就不惜篇幅，盡量詳細而全面地向讀者展示和總結他最富創見、最耀眼奪目的政治學說和具體方略。下面試分別闡述之。

以隋亡為鑒

總結歷史的經驗教訓，研究當今朝政的利弊得失，是魏徵政治生活中的最主要內容之一。史書所稱「以古爲鏡，以知興替」，就是指這方面的情況。大凡熟悉唐朝歷史的人，恐怕無一例外地有這樣的一種深刻印象：貞觀時期的君臣們對前朝興亡歷史的探究，對隋朝歷史的重視，做得特別出色。有關這方面的言論，史籍記載也非常多。

做為人臣，最大的職責是什麼？任何人都會毫不猶豫地回答：忠臣爲國。做爲君王，他最怕的又是什麼？亡國。魏徵淸楚這一點，身爲人臣，就必須責無旁貸地去輔功他的君主保住這個江山，這是一切的基礎，也是一切理想、一切作爲的出發點，也是君臣關係中最高的一種統一，最深刻的一致。而要保住江山，維護政權，光靠祝願和祈禱是不行的，僅有忠誠和熱心也不夠，最直接的就是要想辦法，怎樣才能保持統治，怎樣才不致滅亡？這些辦法，又不是靠天下掉下來，也不能指望哪一個大聖大賢、大智大慧來保佑自己、庇護自己，而是只能靠自己去想法子，去探討，去摸索，去尋找，去發現。於是，把眼光投向前朝往代，尤其是從剛剛被自己取而代之的隋王朝那裡，去探討它何以敗亡的原因，便成了再自然不過的必然認識和必由之徑。而這種總結歷史經驗教訓的工作，魏徵雖然不是唯一的人，但無疑卻是貢獻最大的人。在所有貞觀君臣中，魏徵在這方面講得最多，最深刻，對時政的影響亦最大。

首先是總結隋朝滅亡的原因及其經驗教訓。魏徵是研究隋朝史最權威的專家，從他的絕大多數諫疏乃至他主編的《隋書》，都令人信服地承認這一點。唐太宗在貞觀二年問他：「何為明君、暗君」時，他在回答「兼聽則明，偏信則暗」這一著名論斷後，緊接著舉了一系列的歷史事實為例證，「秦二世則隱藏其身，捐隔疏賤而偏信趙高，及天下潰叛，不得聞也；梁武帝偏信朱異，而侯景舉兵向闕，竟不得知也；隋煬帝偏信虞世基，而諸賊攻城剽邑，亦不得知也。」把煬帝擺到史例中，使論證充滿了無比的說服力，使唐太宗由衷地信服，於是「甚嘉其言」。魏徵的「明君暗君」論斷引起了唐太宗的高度重視，這個理論對他統治期間的影響非常大，時時刻刻牢記在心。

同一年，他對大臣們談論政治時，就是按魏徵的理論去看待歷史的。「明王思短而益善，暗主護短而永愚。隋煬帝好自矜誇，護短拒諫，誠亦實難犯忤。虞世基不敢直言，或恐未為深罪。其箕子佯狂自全，孔子亦稱其仁。及煬帝被殺，世基合同死否？」經過一番討論後，太宗所下的結論是：「人君必須忠良輔弼，乃得身安國寧。煬帝豈不以下無忠臣，身不聞過，惡積禍盈，滅亡斯及。」有了這樣的認識，唐太宗才知道「兼聽」對鞏固國家政權是多麼重要；虛懷納諫，讓臣下暢所欲言又是何等的必要。

在魏徵的倡議下，在唐太宗的高度重視和親自參與下，在衆多大臣的共同探討下，唐初君臣對隋煬帝的歷史評價以及對隋朝滅亡的原因等重大理論問題，掀起了空前的熱烈的大討論，並且取得一致的歷史認識，進而在治國方針上統一了全體君臣的思想。

貞觀君臣論隋之亡國

有關對隋朝的看法和認識，有大量的言論，茲按年代順序臚列如下：

貞觀元年

太宗謂侍曰：「隋煬帝廣造宮室，以肆行幸，自西京至京都，離宮別館，相望道次，乃至并州、涿郡，無不悉然。馳道皆廣數百步，種樹以飾其旁。人力不堪，相聚爲賊。逮至末年，尺土一人，非復己有。以此觀之，廣宮室，好行幸，竟有何益？此皆朕耳所聞，目所見，深以自戒。故不敢輕用人力，惟令百姓安靜，無有怨叛而已。」（《貞觀政要》卷十《行幸》）

上謂侍臣曰：「婦人幽閉深宮，情實可愍。隋氏末年，求采無已，至於離宮別館，非幸御之所，多聚宮人。此皆竭人財力，朕所不取……。」（同上，卷六，《仁惻》）

太宗謂侍臣曰：「……高熲有經國大才，爲隋文帝贊成霸業，知國政者二十餘載，天下賴以安寧。文帝惟婦言是聽，特令擯斥。及爲煬帝所殺，刑政由是衰壞。又隋太子勇撫軍監國，凡二十年，固亦早有定分。楊素欺主罔上，賊害良善，使父子之道一朝滅於天性。逆亂之源，自此開矣。隋文既淆混嫡庶，竟禍及其身，社稷尋亦覆敗。」（同上，《杜讒邪》）

貞觀二年

太宗謂房玄齡曰：「朕比見隋代遺老，咸稱高熲善爲相者，……煬帝無道，

枉見誅夷，何嘗不想見其人，廢書歔嘆！」（同上，卷五《公平》）

太宗謂黃門侍朗王珪曰：「隋開皇十四年大旱，人多饑乏。是時倉庫盈溢，竟不許賑給，乃令百姓逐糧。隋文帝不憐百姓而惜倉庫如此。比至末年，計天下儲積，得供五六十年。煬帝特此富實，所以奢華無道，遂致滅亡。煬帝失國，亦由其父。」（同上，卷六《奢縱》）

貞觀三年

上謂侍臣曰：「至於隋煬帝暴虐，臣下鉗口，卒令不聞其過，遂至滅亡，虞世基等尋亦誅死。前事不遠，朕與卿等可得不愼？無爲後所嗤。」（同上，卷三《君臣鑒戒》）

貞觀四年

上論隋曰，魏徵對曰：「臣往在隋朝，曾聞有盜發，煬帝令於士澄捕逐。……有司以煬帝已令斬決，遂不執奏，並殺之。」太宗曰：「非是煬帝無道，臣

下亦不盡心，須相匡諫，不避誅戮，豈得惟行諂佞，苟求悅譽？君臣如此，何能不敗！」（同上）

太宗曰：「隋煬帝豈無甲仗？適足以至滅亡，正由仁義不修，而群下怨叛故也。」（同上，卷五《仁義》）

魏徵曰：「臣聞：『以欲從人者昌，以人樂己者亡。』隋煬帝志在無厭，惟好奢侈，所司每有供奉營造，小不稱意，則有峻罰嚴刑。上之所好，下必有甚，竟爲無限，遂至滅亡。」（同上，卷六《儉約》）

太宗曰：「隋煬帝性好猜防，專信邪道，大忌胡人，……終被宇文化及使令狐行達殺之。……且君天下者，惟正身修德而已，此外虛事，不足在懷。」（同上，卷六《値所好》）

太宗曰：「隋主亦必欲取高麗，頻年勞役，人不勝怨，遂死於匹夫之手。」（同上，卷九《征伐》）

貞觀六年

太宗謂侍臣曰：「……又隋文帝深愛祥瑞，……實以爲可笑。夫爲人君，當須至公理天下，以得萬國之歡心。昔堯舜在上，百姓敬之如天地，愛之如父母。動作興事，人皆樂之；發號施令，人皆悅之，此是大祥瑞也。自此後，諸州所有祥瑞，並不用申奏。」（同上，卷十《災祥》）

貞觀七年

太宗幸蒲州，刺史趙元楷課父老服黃紗單衣，迎謁路左，盛飾廨宇，修營樓雉以求媚。又潛飼羊百餘口，魚數千頭，將饋貴戚。太宗知，召而數之曰：「朕巡省河、洛，經歷數州，凡有所須，皆資官物。卿爲飼羊養魚，雕飾院宇，此乃亡隋弊俗，今不可復行。當識朕心，改舊態也。」（同上，卷六《貪鄙》）

貞觀八年

上謂侍臣曰：「言語者，君子之樞機，談何容易！……隋煬帝初幸甘泉宮，泉石稱意，而怪無螢火，敕云：『捉取多少於宮中照夜。』所司遽遣數千人採拾，送五百輿於宮側。小事尙爾，況其大乎？」魏徵對曰：「人君居四海之尊，若有虧失，古人以爲如日月之蝕，人皆見之。實如陛下所戒慎。」（同上，卷六《愼言語》）

太宗曰：「秦始皇平六國，隋煬帝富有四海，既驕且逸，一朝而敗，吾亦何得自驕也？言念於此，不覺惕惕而震懼。」魏徵進曰：「臣聞自古帝王未有無災變者，但能修德，災變自消。」（同上，卷十《災祥》）

貞觀十一年

特進魏徵上疏曰：「……且我之所代，實在有隋，隋氏亂亡之源，聖明之所臨照。以隋氏之府藏比今日之資儲，以隋氏之甲兵況當今之士馬，以隋氏之戶口校今時之百姓，度長比大，曾何等級？然隋氏以富強而喪敗，動之也；我以貧窮而安寧，靜之也。……夫鑒形之美惡，必就於止水；鑒國之安危，必取於亡國。……臣願當今之動靜，必思隋氏以爲殷鑒，則存亡治亂，可得而知。」（同上，卷十《行法》）

太宗幸洛陽宮，泛舟於積翠池，顧謂侍臣曰：「此宮苑台詔是煬帝所爲，驅役生人，窮此雕麗，復不能守此一都，以萬人爲慮。好行幸不息，人所不堪。……遂使天下人怨叛，身死國滅，今其宮苑盡爲我有。」（同上，卷十《行幸》）

貞觀十三年

太宗謂魏徵等曰：「隋煬帝承文帝餘業，海內殷阜，若能常處關中，豈有傾敗？遂不顧百姓，行幸無期，徑往江都，不納董純、崔象諫爭，身戮國滅，爲天下笑。雖復帝祚長短，委以玄天，而福善禍淫，亦由人事。朕每思之，若欲君臣長久，國無危敗，君有危失，臣須極言。朕聞卿等規諫，縱不能當時即從，再三思審，必擇善而用。」（同上，卷十《行幸》）

魏徵主纂《隋書》

有關貞觀君臣論隋朝的文字遠不止以上所稱引者，只僅列舉魏徵與唐太宗二人的典型言論爲例，以見一般。除了在衆多章奏諫疏中零星之論外，魏徵還藉受命親自主編《隋書》的大好機會，對隋朝歷史進行了一番系統而深入的探索和研究，從而全面而深入地總結出了隋朝盛衰興亡的原因和過程，成爲貞觀君臣在討論隋朝問題上的理論集成和綱領性文件。據史家考證，《隋書》的主纂爲魏徵，該史的紀傳部由他負責，雖然撰寫者還有顏師古、孔穎達、許敬宗等人，但各紀、傳的序論和結尾的「史臣曰」等評論文字，卻實出於魏徵之手。從這些地方可以看到魏徵所具有的深厚史學功底和修養，更可從中瞭解魏徵非凡的歷史見識和政治眼光。其中對隋朝興亡成敗的總結，是其一生政治思想文獻中最光彩奪目之處。集中體現在《隋書·高祖紀》和《煬帝紀》等史論中。茲錄之如下，以供讀者參照。

《高祖紀》下「史臣曰」：高祖龍德在田，奇表見異，晦明藏用，故知我者希。始以外戚之尊，受託孤之任，與能之議，未為當時所許，是以周室舊臣，咸懷憤惋。既而王謙固三蜀之阻，不逾期月，尉迥舉全齊之衆，一戰而亡，斯乃非止人謀，抑亦天之所贊也。乘茲機運，遂遷周鼎。於時蠻夷猾夏，荆、揚未一，劬勞日昃，經營四方。樓船南邁則金陵失險，驃騎北指則單于款塞，《職方》所載，並入疆理，《禹貢》所圖，咸受正朔。雖晉武之克平吳會，漢宣之推亡固存，比義論功，不能尚也。七德既敷，九歌已洽，要荒咸暨，尉侯無警。於是躬節儉，平徭賦，倉廩實，法令行，君子咸樂其生，小人各安其業，強無陵弱，衆不暴寡，人物殷阜，朝野歡娛。二十年間，天下無事，區宇之內晏如也。考之前王，足以參縱盛烈。但素無術學，不能盡下，無寬仁之度，有刻薄之資，暨乎暮年，此風愈扇。又雅好符瑞，暗於大道，建彼維城，權侔京室，皆同帝制，靡所適從。聽哲婦之言，惑邪臣之說，溺寵廢嫡，託付失所。滅父子之道，開昆弟之隙，縱其尋斧，剪伐本枝。墳土未乾，子孫繼踵屠戮；松檟才列，天下已非隋有。惜哉！跡其衰怠之源，稽其亂亡之兆，起自高祖，成於煬帝，所由來遠矣，非一朝一夕。其不祀忽諸，未為不幸也。

這是對隋文帝的歷史總結。首先介紹了他發跡和建國的經過，接著重點叙述他的功與過、得與失。既歌頌了他統一中國的偉大功績，同時又肯定了他執政期間開創了和平安寧、經濟繁榮、國力強盛、國庫富足、節儉不奢、平均徭賦、法令施行、社會秩序較好等方面的事實，又指出了他少學術，猜忌臣下，爲人不仁惠大度，施政刻薄慘酷有餘，加之喜好祥瑞符應，大興土木建造新京城，聽信皇后的忌妒之言，不信任高熲等經國大臣，錯誤廢掉太子，另立楊廣等等，這些過失和錯誤，不但使自己晚年的統治每況愈下，而且爲隋煬帝亡國埋下了最早的禍根。

《煬帝紀》下：

「初，上自以藩王，次不當立，每矯情飾行，以釣虛名，陰有奪宗之計。時高祖雅信文獻皇后，而性忌妾媵。皇太子勇內多嬖幸，以此失愛。帝后庭有子，皆不育子，示無私寵，取媚於後。大臣用事者，傾心與交。中使至第，無貴賤，皆曲承顏色，申以厚禮。婢僕往來者，無不稱其仁孝。又常私入宮掖，密謀於獻后，楊素等因機構扇，遂成廢立。自高祖大漸，暨諒闇之中，丞淫無度，山陵始就，即事巡遊，以天下承平日久，士馬全盛，慨然慕秦皇漢武之事。乃盛治宮室，窮極侈靡，召募行人，分使絕域。諸蕃至者，厚加禮賜，有不恭命，以兵擊之。盛興屯田於玉門、柳城之外。課天下富室，益市武馬，匹值十餘萬，富強坐是凍餒者十家而九。帝性多詭譎，所幸之處，不欲人知。每之一所，輒數道置頓，四海珍饈殊味，水陸必備焉，求市者無遠不至。郡縣官人，競為獻食，豐厚者進擢，疏儉者獲罪。奸吏侵漁，內外虛竭，頭會箕斂，人不聊生。於是軍國多務，日不暇給，帝方驕怠，惡聞政事，冤屈不治，奏請罕決。又猜忌臣下，無所專任，朝臣有不合意者，必構其罪而族滅之。故高熲、賀若弼先皇心膂，參謀帷幄，張衡、李金才藩邸惟舊，績著經綸，或惡其直道，或忿其正議，求其無形之罪，加以刎頸之誅。其餘事君盡禮，謇謇匪躬，無辜無罪，橫受夷戮者，不可勝計。政刑馳紊，賄貨公行，莫敢正言，道路以目。六軍不息，百役繁興，行者不歸，居者失業。人饑相食，邑落為墟，上不之恤也。東西游幸，靡有定居，每以供養不給，招迎姥媼，朝多共肆丑言，又引少年，令與宮人穢亂，不軌不遜，以為娛樂。區宇之內，盜賊蜂起，劫掠從官，屠陷城邑，近臣互相掩蔽，隱賊數不以實對。或有言賊多者，輒大被詰責。各求苟免，上下相蒙，每出師徒，敗亡相繼。戰士盡力，必不加賞，百姓無辜，咸受屠戮。黎庶憤怨，天下土崩，至於就擒而獲未之悟也。

史臣曰：煬帝爰在弱齡，早有令聞，南平吳會，北卻匈奴，昆弟之中，獨著聲績。於是矯情飾貌，肆厥奸回。故得獻後忠心，文皇革慮，天方肇亂，遂登儲兩，踐峻極之崇基，承丕顯之休命。地廣三代，威振八紘，單于頓顙，越裳重譯。赤仄之泉，流溢於都內，紅腐之粟，委積於塞下。負其富強之資，思逞無厭之慾，狄殷、周之制度，尚秦、漢之規模。恃才矜己，傲狠明德，內懷險躁，外示凝簡，盛冠服以飾其奸，除諫官以掩其過。荒淫無度，法令滋彰，教絕四維，刑參五虐，鋤誅骨肉，屠剿忠良，受賞者莫見其功，為戮者不知其罪。驕怒之兵屢動，土木之功不息，頻出朔方，三駕遼左，旌旗萬里，徵稅百端，猾吏侵漁，人不堪命。乃急令暴条以擾之，嚴刑峻法以臨之，甲兵威武以董之，自是海內騷然，無卿生矣。俄而玄感肇黎陽之亂，匈奴有雁門之圍，天子方棄中土，遠之揚、越。奸宄乘隙，強弱相陵，關梁閉而不通，皇輿往而不返。加之以師旅，因之以饑饉，流離道路，轉死溝壑，十八九焉。於是相聚萑蒲，猬毛而起，大則跨州連郡，稱帝稱王；小則千百為群，攻城剽邑。血流成川澤，死人如亂麻，炊者不及析骸，食者不遑易子。茫茫九土，並為麋鹿之場，悚悚黔黎，俱充蛇豕之餌。四方萬里，簡書相續，猶謂鼠竊狗盜，不足為虞，上下相蒙，莫肯念亂，蜉蝣之羽，窮長夜之樂。土崩魚爛，貫盈惡稔，普天之下，莫非仇讎；左右之人，皆為敵國。終然不悟，同彼望夷，遂以萬乘之尊，死於一夫之手。億兆靡感恩之士，九牧無勤王之師。子弟同就誅夷，骸骨棄而莫掩。社稷顛隕，本枝珍絕，自肇有書契以迄於茲，宇宙崩離，生靈塗炭，喪身滅國，未有若斯之甚也。《書》曰：「天作孽，猶可違；自作孽，不可追。」《傳》曰：「吉凶由人，祆不妄作。」又曰：「兵猶火也，不戢將自焚。」

觀隋室之存亡，斯言信而有征矣！

以上文字，是《隋書》中篇幅最長的史論。它說明了魏徵對隋朝歷史的著眼點，在於探討其滅亡之因，重點放在對隋煬帝的研究上，將其統治期間的全部舉措一一檢討，歸納出一系列「身亡國滅」的沈痛教訓：第一，依恃富強的國力，野心膨脹，好大喜功，丟掉了「無爲而治」的根本；第二，爲人自以爲是，驕傲自滿，聽不進他人的意見，一意孤行；第三，窮奢極慾，荒淫無度，縱情享樂，忘掉樸素節儉的作風，導致全國風氣的敗壞；第四，不行仁政，而推廣法治，不施德政，而重刑罰；第五，賞罰極爲不公，升黜極爲不當；第六，不斷發動侵略戰爭，從而加重人民的徭役租賦負擔，導致天下騷動，人不堪命；第七，君臣相矇，上下相欺，導致政治機器運轉失靈，國家政務陷入癱瘓；第八，不重民，不愛民，而把人民當犬馬，當敵人，最後導致人民的不滿和反抗；第九，行幸無度，放棄關中戰略要地，遠遊揚州，最後死於叛軍之手；第十，崇佛道，輕教化之風、矯情飾詐之風、請託賄賂之風、投機營利之風、任情濫賞之風、大興土木工程之風、奢侈逸樂之風、靡亂無恥之風盛行，道德淪喪，風氣敗壞，引發了嚴重的社會問題，最終成爲瓦解其政治經濟的腐蝕劑。

治道只在敬畏

以亡隋爲鑒，目的是認眞地吸取歷史教訓，避免使自己重蹈覆轍。魏徵的這種「從歷史教訓中去尋找維護自己統治的辦法」之主張，被唐太宗全盤採納，並且貫徹實施得極爲出色。貞觀二年，李世民即位不久就對大臣們說：「朕今臨御天下，子養生民，思弘君道，以安百姓。卿等豈不見隋主爲君，不恤民事，君臣失道，民叛國亡，公卿貴臣，暴骸原野，毒流百姓，禍及其身？朕每念及於斯，未嘗不忘寢輟食，所以師古作法，不敢任情……」以此爲出發點，貞觀君臣們在放眼整個往古歷史時，也同樣是主要從破家亡國的慘痛史實中「以古爲鏡」的。與隋朝最相似的莫過於秦朝，兩者都是二世而亡的短命王朝，因而他們一再將秦隋相提並論，用以警惕自己。另外，對各代亡國的歷史也進行了探討和總結，指出「末代亡國之主，爲惡多相類也」，其共同點是「深好奢侈，橫徵暴斂」。從而上升到了一種歷史規律性的概括，可以說是達到了銘心刻骨的程度。

爲什麼唐太宗能夠如此認眞地注意吸取歷史教訓呢？是由於隋末農民大起義的沈重一擊，使他思想上「怕」字當頭，把過去亡國破家的歷史當作警鐘，在自己的耳畔和心頭長鳴不停。他越是害怕人民群衆的反抗，就越是要認眞地去攻讀歷史；越讀歷史，就越是觸目驚心，越加懼怕自己的政權被推翻。實際上，所謂「貞觀之治」，就是在這種戰戰兢兢中做到兢兢業業的。這就印證了一句名言：

「要想每天無憂無慮，就必須時刻提心吊膽！」這看起來似乎是個充滿了矛盾的悖論，實際上蘊含著深刻的道理，是耐人尋味的歷史辯證法。正是有了這樣深刻而清醒的認識，魏徵才會在此基礎上提出「守成」的觀點，認爲「創業」階段已經過去，所有的力量要放到如何「守成」上來，全體君臣們在貞觀政權建立之日起，必須把工作重心轉移到維護和鞏固自己的政權上來，這是壓倒一切的頭等大事，一切政策和方針必須緊緊圍繞這一點去制定。「太宗謂侍臣曰：『帝王之業，草創與守成孰難？』尚書左僕射房玄齡對曰：『天地草昧，群雄競起，攻破乃降，戰勝乃克。由此言之，草創爲難。』魏徵對曰：『帝王之起，必承衰亂，覆彼昏狡，百姓樂推，四海歸命，天授人與，乃不爲難。然既得之後，志趣驕逸。百姓欲靜而徭役不休，百姓凋殘而侈務不息；國之衰弊，恆由此起。以斯而言，守成則難。』太宗曰：『玄齡昔從我定天下，備嘗艱苦，出萬死而遇一生，所以見草創之難也。魏徵與我安天下，慮生驕逸之端，必踐危亡之地，所以見守成之難也。今草創之難，既已往矣，守成之難，當思與公等愼之。』」幾年以後，唐太宗又一次提出：「守天下難、易？」這一基本問題。魏徵依然是他一貫的觀點，回答說：「很難！」唐太宗又追問道：「任賢能、受諫諍則可，何謂爲難？」魏徵心想：任賢受諫，說起來容易，做起來就太難啦！於是回答道：「觀自古帝王，在於憂危之間，則任賢受諫。及至安樂，必懷寬怠，言事者惟令兢懼，日陵月替，以至危亡。聖人所以居安思危，正爲此也。安而能懼，豈不爲難？」這裡，魏徵已經逐漸定義了「守成」的內容和要點，就是指取得政權之後，統治者在和平安樂環境中，繼續保持創業時期的精神和優良作風及傳統，把安寧日子當危亂日子過，把富足日子當貧窮日子過，把守天下當打天下那樣去對待。只有這樣，才能夠有效地維護和鞏固其封建帝王統治，才可免遭滅亡的命運。

魏徵的民本思想

魏徵在整個從政過程中，一直把治理民衆，安定民生，視爲君主政治的首要任務，主張帝王要重民，畏民，闡發了「國以民爲本」的傳統思想，並付諸政治領域。而「民」之所以成爲魏徵及貞觀君臣們論政的核心命題之一，歸根到底是由於隋末人民反抗鬥爭這一波瀾壯闊的起義場面深深地震撼了每一個統治者的心靈，也再一次顯示和表明了人民在社會政治生活中的重要作用。隋王朝旣富且強，政治體系內部基本上沒有威脅皇權的棘手的政治難題。但是，這個盛極一時的強大帝國在普通民衆自發的集團式的反抗洪流沖擊下，迅速土崩瓦解了。對隋亡教訓的反思和唐政權現實政治的需要，迫使魏徵這樣淸醒明智的政治家把目光投向君主政治的安危點：對民的態度和政策。在政治上君與民究竟是什麼關係，如何處理好君民關係以實現大唐帝國的長治久安，這是擺在他們面前的一道最迫切的政治課題。並由此淸醒地認識「國以民爲本」。魏徵可謂這一觀點的首席發言人。

「民本」鉤源

「民惟邦本」的思想，究其始源，先秦有自。「民本」的內涵是什麼？人們的看法頗有分歧。魏徵的所謂「民本」主要含義是：民的問題直接關係到封建國家的興衰存亡，是君主政治的根本大計。這可以從兩個角度去考察，一是對民在君主政治中重要地位的認識，二是當時官方學術中對「民惟邦本」的訓詁，可以輔助地說明當時的思想潮流。總之，對「民本」的理解就是把安定民生作為政本，即「治天下者，以人為本」。所以，民本思想說到底，並不是民主思想，而只是重民思想。重民的主體是君主和官僚，實踐了重民思想的則被稱之為明君、清官（或稱循吏）。君為民之父母，君主理應以重民為己任。以父子關係模式規範君民關係是傳統政治思維的一大特點，「君為民父母」說，既是重民論的出發點，又是其歸結點，其主旨是以父慈子孝式的宗法倫理確定君和民的行為規範，闡明君民關係的絕對性和相對性，這一點可以從四個含義展現出來：一是君主像父母養育兒女一樣，「撫育黎元，陶均庶類」，即養育百姓，造就民衆。這裡又與民養君論有矛盾之處。二是君主教化民衆，「君猶器也，人猶水也，方圓在於器，不在於水」。君與民就像父與子一樣，是監護人和被監護人的關係。三是君主既然「子育黔黎」，那麼他就不能只是行威，還要施惠，像父母疼愛子女一樣「慈厚懷民」，施行仁政。四是父母支配子女，君父同樣支配臣民，子民對君父要恭行忠孝之道。總之，「人君於天所子，布德惠之教，爲民父母，以是之故爲天下所歸」（《尚書正義·洪範》）。魏徵以民本思想爲主旨分析了客觀存在的君民之間互相制約關係，確定了「安人理國」的治國方略及其基本政策原則：君主無爲論、因民心論、不竭民力論、及時修政論、以農爲本論、君主調節官民關係論等等。在這些原則的指導下形成了一系列的實際政策。

民心民力論

因民心論實際上是從民心向背決定政治盛衰的角度提出了一個重要的君主行

爲規範。它既是一種政治策略，又在理論上具有制約君主的因素。它強調統治者要敬順民意，照顧民性，樂民之樂，憂民之憂。「彼煬帝豈惡天下之治安，不欲社稷之長久，故行桀虐，以就滅亡哉？」他同樣希望隋帝國長治久安，自己享國長久。但是他的作爲卻不得民心，「驅天下以從慾，罄萬物以自奉，采域中之女子，求遠方之奇異。宮苑是飾，台榭是崇，徭役無時，干戈不戢。」最終導致「民不堪命，率土分崩」的下場。不因民之心，則必然失掉民心，失民心則導致民怨民憤，即所謂「人怨神怒」。而「人怨神怒，則災害必生；災害既生，則禍亂必作；禍亂既作，而能以身名全者鮮矣。」（《貞觀政要·君道》）

不竭民力論的核心內容是節制勞役徵發，「悅以使人，不竭其力」。（《舊唐書·魏徵傳》）封建國家橫徵暴斂，特別是直接向民衆徵發力役，是最有可能在全國範圍內破壞社會生產力的人爲因素。因此，力役徵發無度或過濫，常常是引發人民群衆的力量介入政治的導火線。戴冑曾說過：「一人就役，舉家便廢。入軍者督其戎仗，以役者責其糇糧，盡室經營，多不能濟。」（《舊唐書·戴冑傳》）過度的勞役對於小農經濟的破壞是致命性的。魏徵深知其中利害，把此現象視爲「危亂之源」，唐太宗也引起高度重視，「爲君之道，必須先存百姓，若損百姓以奉其身，如割脛以自啖，腹飽而身斃。」（《魏鄭公諫錄》三《對爲君之道先存百姓》）

及時修政論

「及時修政論」就施政時機問題提出了兩個重要原則，一是創業君主要「廣施德化，使恩有餘地，爲子孫萬代基」，「順天革命之後，將隆七百之祚，貽厥身謀，傳之萬葉」。（《貞觀政要·君道》），貞觀君臣發現歷代王朝的壽命與開創者的政績密切相關，例如有「小魏徵」之譽的名臣馬周就說過：「自夏、殷及漢氏之有天下，傳祚相繼，多者八百餘年，少者猶四五百年，皆爲積德累業，恩結於人心。豈無僻王，賴前哲以免。自魏晉以還，降及周隋，多者不過六十年，少者才二三十年而亡，良由創業之君不務廣恩化，當時僅能自守，後無遺德可施。故傳嗣之主政教少衰，一夫大呼而天下土崩矣。」「自古明王聖主雖因人設教，寬猛隋時，而大要唯以節儉於身、恩加於人二者是務。故其下愛之如日月，畏之如雷霆，此其所以卜祚遐長而禍亂不作也。」（《舊唐書·馬周傳》）況且，大亂之後，人心思定，「亂後易教，猶饑人易食也」，「若聖哲施化，上下同心，人應如響，不疾而速」（《貞觀政要·政體》）正是君主施德固基的大好時機。二是守成君主要及時地調整政策，防患於未然。往代以來成敗之事使馬周懂得，「若人既勞矣，而用之不息，儻中國被水旱之災，邊方有風塵之警，狂狡因之竊發，則有不測之事，非徒聖躬旰食晏寢而已。」「但有黎庶怨叛，聚為盜賊，其國無不即滅。人主雖欲改悔，未能重能安全者。凡修政教，當修之於可修之時；若事變一起，而後悔之，則無益也。」（《貞觀政要·奢縱》）創業施德與及時改弦更張之說，增強了君主政治的應變能力和自我調節的主動性。

行王道仁政

魏徵是貞觀時期推行「王道」，施行「仁政」，以「文德」治國的大政方針的提出者和奠基人。唐太宗曾經明確地指出魏徵這一方面的偉大貢獻，「貞觀初，人皆異論，云當今必不可行帝道、王道，惟魏徵勸我。既從其言，不過數載，遂得華夏安寧，遠戎賓服。突厥自古以來，常爲中國勍敵，今酋長並帶刀宿衛，部落皆襲衣冠。使我遂致於此，皆魏徵之力。」還親自對魏徵說：「勞公約朕以仁義，弘朕以道德，使朕功業至此，公亦足爲良工爾。」（《貞觀政要·政體》）至於魏徵的一些有關文德治國的論述和提倡仁政的文字，我們在探討他的儒家人生觀和道德觀的章節裡已有過不少的介紹，魏徵在政治思想及實踐中，一如既往地堅持了仁政和德治的理論觀點和原則立場，並把它落實到「任賢使人」和「弘揚德教」等政治措置的諸方面。我們在下面的分論中，將有涉及和反映，這裡就不作重複的概述了。

君臣關係理論

在理論上分析和探討，建立了一套較完整的君主如何識別人、使用人的政見，是魏徵對中國古代政治思想史的又一重大貢獻。唐太宗一生有幾個顯著的政治優點：一是虛懷納諫，從善如流；二是明於知人，善於任使；三是以古爲鏡，以明興替；四是務在寬簡，輕徭薄賦。這四大優點幾乎都是與魏徵的提倡和督促密切相關的。其中，魏徵對君王如何看待君臣關係，君臣如何相處？爲臣僚者應恪守怎樣的「臣道」？判別臣下的標準和方法是什麼，都提出了一系列卓越的見解，對唐太宗在貞觀年間「明於知人，善於任使」的統治政績的取得，作出了重大的貢獻。茲就幾個主要論點闡述如下：

關於建立一個什麼樣的君臣關係論點，魏徵在吸收了儒道兩家政治哲學的基礎上，又參綜了法家的國家管理方法，尤其是韓非的法術思想，提出了一套系統而完整的主張。首先強調儒家的一貫立場，即君尊臣卑的前提，這一前提是君臣關係的最根本的基礎，是絕不允許動搖和懷疑的。在絕對「忠君」的基礎上，君王對待臣下也應盡之以「禮」和「仁」。這就是中國古代淵源長久的「君道」和「臣道」，用一句話即可概括：「臣事君以忠，君待臣以禮。」可是這裡面的「忠」和「禮」，其含義可就複雜了，歷代政治家各有不同的詮釋。魏徵的解釋既有對前賢往哲們觀點的繼承，又有自己獨到的創新和發揮。他理想中的君臣關係應該是君禮而臣忠，「上下同心，君臣交泰」，君是明君，臣爲賢臣，皆能避惡而向善，止惡而興善，同心同德，仁義禮智信五常兼備，朝中盡君子，舉國無小人，君比跡於堯舜，臣追蹤於稷、契，則國家可達到君臣歡洽、天下無事的喜人局面。

魏徵的君臣關係理論是對君臣這一對矛盾體中的君強調得多一些，認爲君臣對國家之治亂，社會之興衰，儘管都有關係，但君的責任無疑要大些，君的作用相應也大些，因此對君的行爲規範之要求也就應嚴一些。並且認爲，臣對君盡忠，天下之臣民對君主的敬畏是很自然的事，故而臣事君以忠就比較容易做到。而君王一旦坐上寶座，擁有君臨天下、口銜天憲、手操生殺予奪的大權之後，就很容易因貴生驕，因威生惡，因富生慾，因而自然難以待臣下以禮，如驕傲自滿，拒諫塞聽，文過飾非；錯喜而濫賞，過怒而謬罰；輕信讒邪，重用小人；懷猜忌之心，不信任大臣，抱刻薄之態，嚴防將相；更有甚者，以天下爲私物，視臣民爲牛馬，任意驅使，隨便折磨，稍不高興就曰殺，偶有不快便喊打，把臣下的起碼人性和生存保障都抹煞了，結果臣子「伴君如伴虎」，隨時有被吞噬之虞，怎麼可能使君臣關係達到形同一體、義均魚水的境界呢？可見，君與臣的關係處理得好壞與否，主要取決於君主這一方，而且在封建君主專制制度裡，君的權威大得無以復加，如果在他這一方不加以約束，則臣這一方就難以正常發揮作用，君臣關係也就勢必難以保持正常。魏徵在許多表疏中都強調君王應自加約束，千萬不能濫用權威，並與此相應地一再呼籲大臣的基本權利應得到保障，他們的地位也應改善和加強。「貞觀十六年，太宗謂侍臣曰：或君亂於上，臣治於下；或臣亂於下，君治於上。二者苟逢，何者爲甚？」特進魏徵對曰：「君心治，則照見下非，誅一勸百，誰敢不畏威盡力？若昏暴於上，忠諫不從，雖百里奚、伍子胥之在虞、吳，不救其禍，敗亡亦繼。」太宗曰：「必如此，齊文宣昏暴，楊遵彥以正道扶之得治，何也？」徵曰：「遵彥彌縫暴主，救治蒼生，才得免亂，亦甚危苦。與人主嚴明，臣下畏法，直言正諫，皆見信用，不可同年而語也。」（《貞觀政要·政體》）這則君臣問答的文獻記載是體現魏徵的關於對國家治亂與否的影響和作用上，「君重臣輕論」的典型史實證據。唐太宗提出了一個帶假設性的問題：有的是國君在上昏亂，臣下在下治理；有的是臣下在下作亂，國君在上治理，兩種情況假如都出現了，那麼哪一種嚴重？魏徵用古代史實爲例回答是君王昏亂、臣下治理的這種「君惡臣善」情況要可怕些。唐太宗不服氣，也舉齊文宣帝之史實來辯駁。魏徵又糾正了唐太宗的以偏概全的認識錯誤，進一步申明了臣下對國家的治與亂的作用遠遠不能與君王的作用相比，二者「不可同年而語也」。正因爲如此，魏徵一生都把注意力放在帝王身上，深知帝王的一言一行、一舉一動都與國家的盛衰成敗關係重大，不可不謹慎小心。帝王容易犯種種錯誤，根本原因就在於他是最高統治者，擁有至高無上的權力，這種過於廣大而集中的權威稍一疏忽，就會使國家政權的運行機制因失衡而出現故障，甚至會停止運轉。如何適度地控制和調節帝王的權力機制，使君權過重而臣位太輕的狀況得到改善，才能使君與臣的位置恰如其分地安排，適得其所地發揮效能，使之各自如頭腦與四肢一樣健康地、正常地、按比例地、協調地生長活動，來組成一個完整無疾的人體。而魏徵經常看到的卻是一種頭部碩大而四肢短小瘦弱的封建社會特有的畸形兒，因而診治這一畸形病的最直接做法就是要使其頭部不再瘋長，而讓其四肢健壯發達一些，這樣才能使之逐漸接近協調正常。於是，他在各種場合都在為尊重臣下、重視臣下、善用臣下而不懈地大聲疾呼，有時甚至是抗辯力爭。

不僅如此，魏徵還在此基礎進一步要求君王在處理君臣關係上應負主要責任，包括君王應明辨臣下的忠與奸、賢與愚、良與劣、長與短等人品才智，應首先向臣下表明公正和誠信、慈惠和禮敬，才能換取臣下的忠心和擁戴、勤勞和智慧。反之，則臣下就不會也不應去忠君、擁君，不再去付出辛勞和智慧替君王服務。

君何以待臣

貞觀十四年，魏徵上了一長篇論疏，向唐太宗進呈了君王如何對待臣下，以及如何識人和用人的一系列重要問題的政見，集中地體現了魏徵對君臣關係的系統理論。茲先錄原文（見《貞觀政要》卷三《君臣鑒戒》）如下，然後逐段加以評析：

臣聞君為元首，臣作股肱，齊契同心，合而成體，體或不備，未有成人。然則首雖尊高，必資手足以成體；君雖明哲，必借股肱以致治。《禮》云：「民以君為心，君以民為體，心莊則體舒，心肅則容敬。」《書》云：「元首明哉，股肱良哉，庶事康哉。」「元首叢脞哉，股肱惰哉，萬事墮哉。」然則委棄股肱，獨任胸臆，具體成理，非所聞也。

夫君臣相遇，自古為難。以石投水，千載一合，以水投石，無時不有。其能開至公之道，申天下之用，內盡心膂，外竭股肱，和若鹽梅，固同金石者，非惟高位厚秩，在於禮而已。昔周文王遊於鳳凰之墟，襪繫解，顧左右莫可使者，乃自結之。豈周文之朝盡為俊義，聖明之代獨無君子哉？但知與不知，禮與不禮耳。是以伊尹，有莘之媵臣；韓信，項氏之亡命。殷湯至禮，定王業於南巢；漢祖登壇，成帝功於垓下。若夏桀不棄於伊尹，項羽垂恩於韓信，寧肯敗已成之國為滅亡之虜乎？又微子，骨肉也，受茅土於宋；箕子，良臣也，陳《洪範》於周，仲尼稱其仁，莫有非之者。《禮記》稱：「魯穆公開於子思曰：『為舊君反服，古歟？』子思曰：『古之君子，進人以禮，退人以禮，故有舊君反服之禮也。今之君子，進人若將加諸膝，退人若將墜諸泉，無為戎首，不亦善乎？又何反服之有？』」齊景公問於晏子曰：「忠臣之事君如之何？」晏子對曰：「有難不死，出亡不送。」公曰：「裂地以封之，疏爵以待之，有難不死，出亡不送，何也？」晏子曰：「言而見用，終身無難，臣何死焉？諫而見納，終身不亡，臣何送焉？若言不見用，有難而死，是妄死也；諫不見納，出亡而送，是詐忠也。」《春秋左氏傳》曰：「崔杼殺齊莊公，晏子立於崔氏之門外，其人曰：「死乎？」曰：「獨吾君也乎哉？吾死也？」曰：「行乎？」曰：「吾罪也乎哉！吾亡也？故君為社稷死，則死之，為社稷亡，則亡之。若為己死，為己亡，非其親昵，誰敢任之？」門啟而入，枕屍股而哭，興，三踊而出。」孟子曰：「君視臣如手足，臣視君如腹心；君視臣如犬馬，臣視君如國人；君視臣如糞土，臣視君如寇仇。」雖臣之事君無有二志，至於去就之節，當緣恩之厚薄，然則為人主者，安可無禮於下哉！

臣觀在朝群臣，當主樞機之寄者，或地鄰秦、晉，或業預經綸，並立事立地，皆一時之選，處之衡軸，為任重矣。任之雖重，信之未篤；信之未篤，則人或自疑；人或自疑，則心懷苟且；心懷苟且，則節義不立；節義不立，則名教不興；名教不興，而可與固太平之基，保七百之祚，未之有也。又聞國家重惜功臣，不念舊惡，方之前聖，一無所間。然但寬於大事，急於小罪，臨時責怒，未免愛憎之心，不可以為政。君嚴其禁，臣或犯之，況上啟其源，下必有甚，川壅而潰，其傷必多，欲使凡百黎元，何所措其手足！此則君開一源，下生百端之變，無不亂者也。《禮記》曰：「愛而知其惡，憎而知其善。」若憎而不知其善，則為善者必懼；愛而不知其惡，則為惡者實繁。《詩》曰：「君子如怒，亂庶遄沮。」然則古人之震怒，將以懲惡，當今之威罰，所以長奸，此非堯、舜之心也，非禹、湯之事也。《書》曰：「撫我則后，虐我則仇。」荀卿子曰：「君，舟也；民，水也。水所以載舟，亦以覆舟。」孔子曰：「魚失水則死，水失魚猶為水也。」故堯、舜戰戰慄慄，日慎一日。安可不深思之乎？安可不熟慮之乎？

夫委大臣以大體，責小臣以小事，為國之常也，為治之道也。今委之以職，則重大臣而輕小臣；至於有事，則信小臣而疑大臣。信其所輕，疑其所重，將求致治，豈可得乎？又政貴有恒，不求屢易。今或責小臣以大體，或責大臣以小事，小臣乘非所據，大臣失其所守；大臣或以小過獲罪，小臣或以大體受罰。職非其位，罰非其辜，欲其無私，求其盡力，不亦難乎？小臣不可委以大事，大臣不可責以小罪。任以大官，求其細過，刀筆之吏，順旨承風，舞文弄法，曲成其罪。自陳也，則以為心不伏辜；不言也，則以為所犯皆實。進退為咎，莫能自明，則苟求免禍。大臣苟免，則譎詐萌生；譎詐萌生，則矯偽成俗；矯偽成俗，則不可以臻至理矣！

又委任大臣，欲其盡力，每官有所避忌不言，則為不盡。若舉得其人，何嫌於舊故；若舉非其任，何貴於疏遠。待之不盡誠信，何以責其忠恕哉！臣雖或有失之，君亦未為得也。夫上之不信於下，必以為下無可信矣。若必下無可信，則上亦有可疑矣！《禮》曰：「上人疑，則百姓惑。下難知，則君長勞。」上下相疑，則不可以言至理矣。當今群臣之內，遠在一方，流言三至而不投杼者，臣竊思度，未見其人。夫以四海之廣，士庶之衆，豈無一二可信者哉？蓋信之則無不可信，疑之則無可信者，豈獨臣之過乎？且以一介庸夫，結為交友，以身相許，死且不渝，況君臣契合，寄同魚水。若君為堯舜，臣為稷契，豈有遇小事則變志，見小利則易心哉！此雖下之立忠未能明著，亦由上懷不信，待之過薄之所至也。豈君使臣以禮，臣事君以忠乎？以陛下之聖明，以當今之功業，誠能博求時俊，上下同心，則三皇可追而四，五帝可俯而六矣。夏、殷、周、漢，夫何足數！

奏疏把君臣比作人體的頭腦和四肢。認爲君是頭，臣是股肱，頭固然比四肢尊貴和重要，但僅有頭而無四肢，同樣不能算完整的人體。君臣關係要想處理得團結一心，和諧一體，前提是君主必須待大臣以禮。文章列舉了大批史實和儒家經典，論證君王禮敬臣下，使國家達到由弱變強、由衰爲興的效果，君主若輕視臣下，則臣下便由親朋變爲仇敵，國家也由強變弱，由興轉衰，直至滅亡。由此得出結論：臣對君忠不忠，要看君對臣禮不禮。君是因，臣是果。由此而言，作爲一個君王，怎麼能夠對自己的臣民無禮呢？

判斷人，識別人

魏徵對唐太宗的諸多進諫和奏對中，識別人、判斷人，亦是一重要內容，並提出了一整套理論和主張，乃至判斷官員的標準原則，其中許多亦被唐太宗當作至寶而欣然採納，於是使之成爲貞觀年間乃至整個唐代和封建社會中後期帝王擇官用人的準則和法式，即使亦有對後世相當的借鑒作用。他的這套主張集中在貞觀十四年的一篇上疏文章中：

臣聞知臣莫若君，知子莫若父。父不能知其子，則無以睦一家；君不能知其臣，則無以齊萬國。萬國咸寧，一人有慶，必藉忠良作弼，俊義在官，則庶績其凝，無為而化矣。故堯、舜、文、武見稱前載，咸以知人則哲，多士盈朝、元、凱翼巍巍之功，周、召光煥乎之美。然則四岳、九官、五臣、十亂，豈惟生之於曩代，而獨無於當今者哉？在乎求與不求、好與不好耳。何以言之？夫美玉明珠，孔翠犀象，大宛之馬，西旅之獒，或無足也，或無情也，生於八荒之表，涂遙萬里之外，重譯入貢，道路不絕者，何哉？蓋由乎中國之所好也。況從仕者懷君之榮，食君之祿，率之以義，將何往而不至哉？臣以為與之為孝，則可使同乎曾參、子騫矣。與之為忠，則可使同乎龍逢、比干矣。與之為信，則可使同乎尾生、展禽矣。與之為廉，則可使同乎伯夷、叔齊矣。

文章開頭的這一段，論述了君王識別人臣和擇而用之的必要性，有了忠良之臣，則國家才可望治理，天下可以指望太平。但選拔任用賢良大臣，並不是件只有堯舜文武等聖王才能做到事，當今的皇上只要真心去追求，而且虔誠地盼望賢才，同樣也有賢良之臣大量湧現出來。那些珍禽異獸、奇巧寶物，有的不能動，有的不會說話，都可以從遙遠的異城，迢迢的海外陸續收集到京城皇宮裡來，就是因爲君主喜愛，便可實現獻納身邊的願望。何況作爲吃君王的利祿、沾君王的榮光的帝國臣民，他們有人性，有起碼的道義良知，只要皇上眞的求賢訪哲、用忠良爲輔弼，拔孝廉爲股肱，那麼全國不知有多少個既孝且忠、既信且廉的優秀棟樑之臣。文章開頭的這一部簡明扼要，但說理極充分，令人不多辯而自膺服。接下來魏徵就要具體而全面地敘述他的中心議題，即詳細準確地托出其擇官用人的標準了：

然而今之群臣，罕能貞白卓異者，蓋求之不切，勵之未精故也。若勖之以公忠，期之以遠大，各有職分，得行其道。貴則觀其所舉，富則觀其所養，居則觀其所好，習則觀其所言，窮則觀其所不受，賤則觀其所不為。因其材以取之，審其能以任之，用其所長，揉其所短。進之以六正，戒之以六邪，則不嚴而自勵，不勸而自勉矣。

故《說苑》曰：人臣之行，有六正六邪。行六正則榮，犯六邪則辱。何謂六正？

一曰，萌芽未動，形兆未見，昭然獨見存亡之機，得失之要，預禁乎未然之前，使主超然立乎顯然之處，如此者，聖臣也。

二曰，虛心盡意，日進善道，勉主以禮義，諭主以長策，將順其美，匡救其惡，如此者，良臣也。

三曰，夙興夜寐，進賢不懈，數稱往古行事，以厲主意，如此者，忠臣也。

四曰，明察成敗，早防而救之，塞其間，絕其源，轉禍以為福，使君終以無憂，如此者，智臣也。

五曰，守文奉法，任官職事，不受贈遺，辭祿讓賜，飲食節儉，如此者，貞臣也。

六曰，家國昏亂，所為不諛，敢犯主之嚴顏，面言主之過失，如此者，直臣也。

是謂六正。何謂六邪？

一曰，安官貪祿，不務公事，與世浮沈，左右觀望，如此者，具臣也。

二曰，主所言皆曰善，主所言皆曰可，隱而求主之所好而進之，以快主之耳目，偷合苟容，與主為樂，不顧其後害，如此者，諛臣也。

三曰，內實險詖，外貌小謹，巧言令色，妒善嫉賢，所欲進，則明其美，隱其惡；所欲退，則明其過，匿其美，使主賞罰不當，號令不行，如此者，奸臣也。

四曰，智足以飾非，辯足以行說，內離骨肉之親，外構朝廷之亂，如此者，讒臣也。

五曰，專權擅勢，以輕為重，私門成黨，以富其家，擅矯主命，以自貴顯，如此者，賊臣也。

六曰，諂主以佞邪，陷主於不義，朋黨比周，以蔽主明，使白黑無別，是非無間，使主惡布於境內，聞於四鄰，如此者，亡國之臣也。

是謂六邪。

賢臣處六正之道，不行六邪之術，故上安而下治。生則見榮，死則見忠，此人臣之術也。《禮記》曰：「權衡誠懸，不可欺以輕重；繩墨誠陳，不可欺以曲直；規矩誠設，不可欺以方圓；君子審禮，不可誣以奸詐。然則臣之情偽，知之不難矣。又設禮以待之，執法以御之，為善者蒙賞，為惡者受罰，安敢不企及乎？安敢不盡力乎？」

進賢良退不肖

魏徵援引了西漢時期的《說苑》中總結的「六正」「六邪」來作爲唐代選拔官吏的用人標準，明顯地強調爲臣的品德是最重要的參考因素。例如「六正」中，良臣、忠臣、貞臣、直臣都是就其德行而言的，只有智臣是就才能而言，而聖臣則德才兼有之。在「六邪」中，沒有一種是由於無才，全部是由於無德。因此，可以看出，魏徵的用人主張是堅持「舉行能之人」，要求官吏才行兼備，但實際上是把德行置於才能之上，即首先看一個人在政治上是否正派，至於工作能力，則屬於第二位。關於這一點，魏徵說得更清楚：「知人之事，自古爲難，故考績黜陟，察其善惡。今若求人，必須審訪其行。若知其善，然後用之。設令此人不能濟事，只是才力不及，不爲大害。誤用惡人，假令強幹，爲害極多。但亂世惟求其才，不顧其行。太平之時，必須才行具兼，始可任用。」（《貞觀政要》卷三〈擇官〉）在實踐中，唐太宗正是按魏徵所主張的這些原則來選拔任命官員的，如他曾稱讚虞世南是「博聞、德行、書翰、詞藻、忠直，一人而已，兼是五善」（《隋唐嘉話》中）的全面人才。擢拔盧祖尙是由於他「才兼文武，廉平正直」（《舊唐書》卷六十九）。有一次唐太宗問侍臣：「梁、陳名臣，有誰可稱？復有子弟堪引進否？」岑文本回答說：「頃日隋師入陳，百司奔散，莫有留者，唯袁憲獨坐，在後主之傍。王世充將受禪，群僚勸進，憲子承家托疾，獨不署名。此之父子，足稱忠烈。承家弟承序，清貞雅操，實繼兄風。」唐太宗於是拜袁承序爲晉王友記。（《大唐新語》六《舉賢》）在黜退貶降官吏方面，也是按「正」、「邪」標準行事的。隋末江都之變時，裴虔通曾親擒隋煬帝，進行犯上作亂。即使是煬帝這樣的暴君，唐太宗認爲臣下也不應該這樣對待他，因爲違背了忠君的政治原則，於是下令免去了他辰州刺史的職務，並流放到驩州。魏徵指出了「六正」「六邪」標準後，接著說：

「國家思欲進忠良，退不肖，十有餘載矣，徒聞其語，不見其人，何哉？蓋言之是也，行之非也。言之是，則出乎公道；行之非，則涉乎邪徑。

是非相亂，好惡相攻。所愛雖有罪，不及於刑；所惡雖無辜，不免於罰。此所謂愛之欲其生，惡之欲其死者也。或以小惡棄大善，或以小過忘大功。此所謂君子賞不可以無功求，君子罰不可以有罪免者也。賞不以勸善，罰不以懲惡，而望邪正不惑，其可得乎？若賞不遺疏遠，罰不阿親貴，以公平為規矩，以仁義為準繩，考事以正其名，循名以求其實，則邪正莫隱，善惡自分。然後取其實，不尚其華，處其厚，不居其薄，則不言而化，期月而可知矣！若徒愛美錦，而不為民擇官；有至公之言，無至公之實，愛而不知其惡，憎而遂忘其善；徇私情以近邪佞，背公道而遠忠良，則雖夙夜不怠，勞神苦思，將求至治，不可得也。」（《貞觀政要》卷三《擇官》）

文章的最後這一段是尖銳地批評了當時唐太宗雖然知道了用人的標準和識別官吏的原則，可是在實際吏治中並沒有眞正做到。口頭上表示採納這一正確主張，行動上卻遲遲看不到具體措置。相反地，在識人用人方面，倒是出現許多令人遺憾的過失和偏差。魏徵在這裡反覆強調當政者一定要把識別官吏和選用官吏的工作按正確路線眞正落到實處，千萬不可口是心非，只聽說說而已，未見實際行動。爲了進一步地提醒唐太宗及全體貞觀當政者的高度重視用人問題，嚴格把握統治人才的甄別挑選，並進行官吏隊伍的清理和整頓，提高封建統治集團的治理效能，鞏固封建君主政權的統治，魏徵還特地向皇上進了一篇疏論，針對唐太宗中期以後的執政過失，給予反省和批評，並對判斷君子小人、識別忠奸善惡等大是大非問題提供了極精闢的看法。他毫不留情地指出當時政治風氣中有一些極不正常的、有害的現象，「謇諤之輩，稍避龍鱗；便佞之徒，肆其巧辯。謂同心者爲擅權，謂忠讜者爲誹謗。謂之爲朋黨，雖忠信而可疑；謂之爲至公，雖矯僞而無咎。強直者畏擅權之議，忠讜者慮誹謗之尤。正臣不得盡其言，大臣莫能與之爭。熒惑視聽，抑於大道，妨政損德，其在此乎？」（《貞觀政要》卷五《誠信》）然後論述君子與小人之區別以及各自的根本特點及表現。「且君子小人，貌同心異，君子掩人之惡，揚人之善，臨難無苟免，殺身以成仁。小人不恥不仁，不畏不義，唯利之所在，危人自安。夫苟在危人，則何所不至？」（同上）

最後又回到他一貫堅持的君臣關係的高度上來，概括這種關係的根本點及根本保證，「夫君能盡禮，臣得竭忠，必在於內外無私，上下相信。上不信，則無以使下，下不信，則無以事上，信之爲道大矣。」又說「若欲令君子小人是非不雜，必懷之以德，待之以信，厲之以義，節之以禮，然後善善而惡惡，審罰而明賞。則小人絕其私佞，君子自強不息，無爲之治，何遠之有?善善而不能進，惡惡而不能去，罰不及於有罪，賞不加於有功，則危亡之期，或未可保，永錫祚胤，將何望哉!」(同上)

應該承認，經過魏徵如此三番數次的叮囑和強調，給唐太宗留下了難以磨滅的印象，在他的統治生涯中，用人問題、辨別忠奸善惡問題，始終是這位頭腦冷靜的皇帝備加小心謹愼的方面。他曾有感觸地說：「用人之道，尤爲未易。己之所謂賢，未必盡善；衆之所謂毀，未必全惡。」(《全唐文》十，《太宗金鏡》)「至於用人，則善惡難別，故知人極爲不易」。(《魏鄭公諫錄》四《對讀書善事》)自己有了這樣淸醒的頭腦和深刻的認識，所以對魏徵的「敎誨」就領會得特別的好，綜其一生，在明辨賢佞忠奸方面，唐太宗可以說是封建皇帝中做得最好的人之一，這一方面是他本人的英明，更由於他幸遇上「忠良智直」四美兼具的好臣下——魏徵的指點迷津，才會出現整個貞觀時期君子多而小人少，忠賢得道而奸佞不得勢的美好政治局面。

爲政寬簡，明德慎罰

從魏徵的哲學思想及其政治主張的傾向性上，我們知道他是一向反對嚴刑峻法的。他的政治學說是由儒道兩家思想兼綜而成，從骨子裡是排斥和輕視法家學說的。當然這也不是絕對的，法家思想中部分於治國有益的成份，他還是吸收和借用過來，比如「賞罰」原則，他就一直旗幟鮮明地擁護商鞅和韓非的主張。只不過從總體上看，他認爲治國的最上策還是無爲而治，並以儒家的道德爲綱維，法家的某些政策只能作部分的有限的補充。於是，魏徵的「爲政寬簡，明德慎罰」主張便自然而然地形成了。

貞觀十一年，魏徵向唐太宗上了兩道關於論述刑罰問題的論疏，闡述了自己深思熟慮的觀點，鮮明地主張以弘揚道德仁義爲主，治國以教化爲先，以輕徭薄賦、息事寧人爲準繩，以無爲而自治爲目的。反對以法治國，省減嚴刑峻法，改爲輕簡寬鬆的法網，以和睦友好爲指歸，奉勸人君和大臣培養仁愛寬厚之心，去掉刻薄狠毒之性。由與人民爲敵的以法律治國轉變爲把人民當朋友的仁德治國。《貞觀政要》卷五《公平》篇中載有他的一道〈理獄聽諫疏〉，開宗明義地亮出他的上述觀點：

「臣聞道德之厚，莫尚於軒唐，仁義之隆，莫彰於舜禹。欲繼軒唐之風，將追舜禹之跡，必鎮之以道德，弘之以仁義，舉善而任之，擇善而從之。不擇善任能，而委之俗吏，既無遠度，必失大體，惟奉三尺之律，以繩四海之人，欲求垂拱無為，不可得也。故聖哲君臨，移風易俗，不資嚴刑峻法，在仁義而已。故非仁無以廣施，非義無以正身。惠下以仁，正身以義，則其政不嚴而理，其教不肅而成矣。然則仁義，理之本也；刑罰，理之末也。為理之有刑罰，猶執御之有鞭策也，人皆從化，而刑罰無所施；焉盡其力，則有鞭策無所用。由此言之，刑罰不可致理，亦已明矣。」

在另一篇疏論中，他寫道：

「臣聞《書》曰：『明德慎罰』，『惟刑恤哉』！《禮》云：『為上易事，為下易知，則刑不煩矣。上人疑則百姓惑，下難知則君長勞矣。』……夫刑賞之本，在乎勸善而懲惡，帝王之所以與天下為畫一，不以貴賤親疏而輕重者也。今之刑賞，未必盡然。或屈伸在乎好惡，或輕重由乎喜怒。……且夫暇豫清談，皆敦尚於孔、老，威怒所至，則取法於申、韓。直道而行，非無三黜，危人自安，蓋亦多矣。故道德之旨未弘，刻薄之風已扇。夫刻薄既扇，則下生百端，人競趨時，則憲章不一，稽之王度，實虧君道。」

（《貞觀政要》卷八《刑法》）

清靜無為是指歸

即使是有限度地吸收法家的刑罰主張，他也對其賞善罰惡的功能在實踐中的操作性大加懷疑，揭示了在封建專制主義時代，所謂依法辦事、秉公斷案之類，其實很難做到，不但會流爲一句空話，甚至使法律刑罰的負作用滋生出來，變成危害國家、殘暴人民的一種惡行，成爲君子受害、小人得志的一種武器。他揭露了當時的執法者，「遇喜則矜其情於法中，逢怒則求其罪於事外。所好則鑽皮出其羽毛，所惡則洗垢求其瘢痕。瘢痕可求，則刑斯濫矣；毛羽可出，則賞因謬矣。刑濫，則小人道長；賞謬，則君子道消。小人之惡不懲，君子之善不勸，而望治安刑措，非所聞也」。（同上）由於看透了封建君主時代「法治」的虛僞性和空幻性，故而魏徵認爲這樣的法治，越多對社會危害越大，還是少一些爲好。所以他奉勸唐太宗少依賴刑罰，少指望法治，而應該多行德教，以仁義道德爲急務，以清靜無爲爲指歸。對貞觀時期存在著的法禁刑條逐漸繁濫的趨勢大爲不滿，「頃者責罰稍多，威怒微厲，或以供帳不贍，或以營作差違，或以物不稱心，或以人不從命，皆非致治之所急，實恐驕奢之攸漸」。（同上）對貞觀中期以後在刑法界存在的嚴重黑幕進行了無情的揭露和攻擊：「貞觀之初，志存公道，人有所犯，一一於法。縱臨時處斷或有輕重，但見臣下執論，無不忻然受納。民知罪之無私，故甘心而不怨；臣下見言無忤，故盡力以效忠。頃年以來，意漸深刻，雖開三面之網，而察見淵中之魚，取捨在於愛憎，輕重由乎喜怒。愛之者，罪雖重而強爲之辭；惡之者，過雖小而深探其意。法無定科，任情以輕重；人有執論，疑之以阿僞。故受罰者無所控告，當官者莫敢正言。不服其心，但窮其口，欲加之罪，其無辭乎？又五品以上有犯，悉令曹司聞奏。本欲察其情狀，有所哀矜；今乃曲求小節，或重其罪，使人攻擊惟恨不深。事無重條，求之法外所加，十有六七，故頃年犯者懼上聞，得付法司，以爲多幸。告訐無已，窮理不息，君私於上，吏奸於下，求細過而忘大體，行一罰而起衆奸，此乃背公平之道，乖泣辜之意，欲其人和訟息，不可得也。」（同上《公平》篇）

可見魏徵要求省刑減罰，寬簡爲政，一方面是源於其儒道兼綜的政治思想，另一方面也是針對現實的刑法政策的不公正、不準確、不客觀、不能眞正依律貫徹的現狀而發出的改革救弊的呼籲。有些史家在評價唐太宗的貞觀之治時，錯把局部美好當成全局美好，把貞觀初年的「刑措不用，斷死者才二十餘人」的情況誤以爲是整個貞觀年間的司法界的寫照，甚至以此爲出發點，對唐太宗與法的處理大加稱讚，標榜他是「務在寬簡，嚴格執法」（見胡如雷著《李世民傳》第一二六頁），這種看法是失之偏頗的。退一步而言，即使唐太宗在執法方面做了一些既嚴格執法又旨在寬簡的事情，也是在魏徵的不斷勸諫，包括其他許多大臣如戴胄、張蘊古等人的抗爭，才有一個較公允的結案的。總之，魏徵的所有政治主張中，唯有去刑省法的政見被唐太宗採納得最少，而且一直沒有悔悟之意，這是魏徵最不能滿意的一個領域。即使是魏徵不斷諫止唐太宗不要窮兵黷武，發動侵略戰爭，不被唐太宗採納，但唐太宗征高麗失敗之後，卻深自悔悟，恨當初不聽魏徵之言。可見，魏徵的「爲政務在寬簡，明德愼罰」的主張，並沒有形成占主流的政治實踐，更談不上是「貞觀之治」的主要內容之一。

統治術發微

統治術，有人將之稱為「陰謀哲學」。於君主時代，其特點是計謀和手段一般不制定為典章制度，不公布為政策法令，完全是一種靠帝王自己揣度和捉摸的、靠帝王自己領悟和把握的韜略和密謀。其歷史淵源先秦有自，由春秋戰國之際的諸多政治家和謀臣，從君主統治實踐中逐漸由直接經驗總結為理論性頗強的法術，再融合吸收諸子百家中的有關哲學思想，不斷加以豐富和提煉，尤其是老子的道家理論和儒、法等家的修身、謀國、君道等理論的融合和雜糅，遂使這種政法詭計和政治權謀上升為哲學的層次。秦漢以後，經過韓非、呂不韋以及淮南王劉安等哲學家在著述中的闡發和探索，這種「人君南面術」就成了介乎哲學思想和政治方略之間的一派特別的政治思潮，在中國封建諸王朝的盛衰更迭中，起了不小的影響作用。歷代封建統治階級內部的政治鬥爭，無不把「統治術」奉為靈篋寶典！今天，我們看待這一份特殊文化遺產，一方面應從總體上認識到它基本上是充斥著陰謀、詭計、伎倆、機巧等糟粕；另一方面，我們也不應因此而將其全盤否定，統統掃進歷史的垃圾堆裡去，而是該對其進行細緻的清理，認眞的研究，剔除其糟粕，分析出其中充滿人生哲理、社會智慧和國家人事管理方法等可取成分，以豐富和充實當今的精神文明。

「道論」解

要談統治術，必須追溯到先秦的道家鼻祖老子。他所開創的道家理論，以《道德經》爲代表作，就是關於統治術的一部奠基性經典。業師張舜徽先生曾在其《周秦道論發微》一書中，系統地闡發和論證了道論即「人君南面之術」學術觀點。他說：「『道論』二字，可說是『道家理論』的簡稱。它的具體內容，便是在『人君南面之術』。用『道論』二字來概括這種理論，在西漢初年，便已通行了。」（《周秦道論發微·叙錄》）李澤厚先生也認爲：「《老子》是一本非常複雜、異義極多的書。」「我的看法是，《老子》本身並不一定就是講兵的書，但它與兵家有密切關係。這關係主要又不在後世善兵者如何經常運用它，而是它的思想來源可能與兵家有關。《老子》是由兵家的現實經驗加上對歷史的觀察、領悟概括而爲政治——哲學理論的。其後更直接衍化爲政治統治的權謀策

略。」（《中國古代思想史論》七七頁《孫老韓合說》）

有關對老子及道家的理論概括，最典型的是西漢司馬談的《論六家要旨》中的定義：「道家使人精神專一，動合無形，贍足萬物。其爲術也，因陰陽之大順，採儒、墨之善，撮名、法之要，與時遷移，應物變化，立俗施事，無所不宜。指約而易操，事少而功多。儒者則不然，以爲人主天下之儀表也，主倡而臣知，主先而臣隨。如此，則主勞而臣逸。至於大道之要，去健羨，絀聰明，釋此而任術。夫神大用則竭，形大勞則敝，形神騷動，欲與天地長久，非所聞也。」司馬談是在比較了各家學說後，對道家額外予以推崇才寫下這番話的。這樣地推崇道家，並且從而加以發揮，分明是從最高統治者南面術的角度來看問題的。他認爲只有道家所提供的帝王統治術爲最全面、最深刻、最巧妙，是人君臨馭天下的最原則的東西。其他各家所提供的，僅是一些片面的具體辦法而已。東漢的班固在《漢書·藝文志》中說得更清楚了。他說：「道家者流，蓋出於史官，歷記成敗、存亡、禍福、古今之道，然後知秉要執本，清虛自守，卑弱以自持，此君人南面之術也。」據此可知，老子的道論與記錄、思索、總結歷史上的成敗、存亡、禍福、古今之道相關，這個「道」不僅是軍事，而更是政治。《老子》一書便是對當時紛紛擾擾的軍事政治鬥爭，和在這些頻繁的鬥爭中大量的氏族、邦國滅亡傾覆的歷史經驗教訓的思考和概括。思考的結果，變成了政治辨證法，並把它提煉為「君人南面之術」——統治和管理國家的根本原則和方略。

君王南面術

何謂「南面術」？張舜徽先生認為，它首先牽涉到了古代房屋的建築。我們祖先造房子，無論是王宮和民宅，都是坐北朝南。冬可避寒向陽，夏可迎風。這種傳統習俗，大約已有幾千年了。由於房屋都是朝南向，尊長大半坐在正中，面向南方，卑幼因要對著尊長，自然就面向了北方。「南面」、「北面」名稱的社會含義因之而起。董仲舒《春秋繁露》就指出過古代的這一觀念：「當陽者，君父是也。故人主南面，以陽為位也。陽貴而陰賤，天之制也。」我國古代的統治者，都沿襲「南面」之稱，而「南面之術」便是指君王們怎樣駕馭臣下、壓制人民的一套手法和權術。

爲什麼會出現這種專談南面術的學說呢？這是由於人類進入階級社會以後，最高統治者想要以一人的聰明才力控制廣大的群衆，使群衆無條件地服從他，得以長期地鞏固他的統治地位，卻不是一件太簡單的事。於是一些知識分子，針對著當時統治者們最苦惱的問題，擬出了許多成套的辦法，提供爲統治天下的方案。其中如刑罰、禮制……等一類的東西，只是一些有形的具體措施，而不是最原則的東西。最原則的東西有二：一是「主運」，一是「主道」。

所謂「主運」，是附會五行——金、木、水、火、土相互克制的道理，以成爲統治者受天命而爲天子的理論根據。戰國時齊門鄒衍更將此學說系統化了，叫做「五德終始學說」，大意是根據金剋木、火剋金、水剋火、土剋水、木剋土等原理施用到政權變化方面來，把歷代統治者的改朝換代，說成是依照這個規律在循環不息地轉移著。虞以土德而王，夏以木德代替了它，殷又以金德代替了夏，周又以火德代替了殷，秦又以水德代替了周。將歷代統治者的更替相代，調配得好像上天安排好了似的。於是一個王朝代替了另一個王朝，取得天下以後，馬上就「五德」中足以制勝前朝的某一「德」，造出一些反映在自然界的跡象和符驗，使天下之人看了，誤認爲新政權是「應運而興」，無可置疑，而統治者的江山便坐穩了。這就是「主運」說對支持者鞏固權位的實際意義。

「主道」，歷史上又稱爲「君道」、「君守」、「主術」、「心術」、「天道」等等，名目甚多。它與「主運」同爲君主控馭天下的大法寶。如果說「主運」的實質可用一個「騙」字來概括，那麼，「主道」的實質，就不外乎一個「裝」字。我們可以借用俗話說的「裝糊塗」來揭示南面之術核心部分的神秘。

我們必須考慮到，古代專替統治者著想的學者們，知道君主的才力和智慧有限，敵不住臣民的才力智慧，如果親自動手做事或多發議論，不但不能藏拙，且容易顯露破綻，招致臣民的輕視，甚至引起權位莫保的危險。所以南面術中最核心的東西，便是要人主不說話，不做事。老子所謂「聖人處無爲之事，行不言之教」，就點透了人君南面術的宗旨。老子又說過：「衆人昭昭，我獨昏昏；衆人察察，我獨悶悶。」（二十章）這裡所提的「衆人」，是指臣下百官；「我」則指最高統治者自己。昭昭、察察，是精明意；昏昏、悶悶，是糊塗相。

繼承了老子的道論，將它朝統治術上全盤應用的集大成者是戰國末年的大思想家、政治家韓非子。李澤厚先生說過：「由韓非承接《老子》，似乎順理成章。這不只是因爲韓非有《解老》、《喻老》之作，而是由於在戰國秦漢之際，以『黃老之學』著名的『道法家』在相當長的時間內逐步取得了統治地位，韓非正是這個過程中的大人物。無論從思想的邏輯過程和社會的發展過程，由兵家到道家到法家再到道法家，是一條很有意思的思想線索。……從總體講，法家是接過了《老子》政治層的『無爲』含義上的人君南面術，把它改造爲進行赤裸裸統治壓迫的政治理論的。」（《中國古代思想史論》第九六頁）在《韓非子．揚權篇》中，也有類似於老子對南面術的描述：「聽言之道，溶若甚醉。脣乎齒乎，吾不爲始乎！齒乎脣乎，愈惛惛乎！」即裝成像酒漢大醉之後，無知無覺，不言不語。昏昏沈沈地使人莫測高深，捉摸不到他的是非喜怒，而不給臣下以察言觀色、投機取巧的機會。臣下便不敢不竭盡各人的才智來做分內應做的事。韓非在同一篇文章中又說：「主上不神，下將有因。」「失主其神，虎隨其後；主上不知，虎將爲狗。」統治者既裝出了一副糊塗相，以達到「無爲」、「不言」的境地，遇事只向臣下要辦法，而不自己首先拿出辦法，這便是「任人而不任智」的精髓。《呂氏春秋·知度篇》說：「有道之主，因而不爲，責而不詔，去想去意，靜虛以待。不伐之言，不奪之事。督名責實，官復自司。以不知爲道，以奈何爲寶。」這段話在《淮南子·主術篇》中也有，只是字數不同。自然也是圍繞著南面之術的核心內容而言的。末尾二句尤爲精闢和重要。「以不知爲道」，說明了人主不自任聰明，遇事以卑弱自處。「以奈何爲寶」，「奈何」是怎麼辦的意思，說的是人主總是要臣下提出辦法，盡量發掘他們的才智以爲己用，以收「無爲而無不爲」之效。看來那些假裝糊塗的統治者，骨子裡卻有一套最厲害、最周密的手段和方法。如果運用得很靈活，就可立於不敗之地。南面統治之術之所以爲周秦諸子所宣揚，爲歷代君主所採用和重視，自然是有它的作用的。

統治術之運用

有關統治之術的宣傳和探索，並不僅僅局限於周秦諸子，也不僅僅局限於道家或道法家之說，而是從先秦直至隋唐，從道家到儒家，都可見南面之術的言論和見解，都可找到實踐和運用之跡。例如魏晉人製造的、僞託爲《尙書》篇什之一的〈大禹謨〉，就反映了這一歷史時期的帝王南面之術非但沒有消歇和衰息，相反地，由於動亂之世的王朝頻更巨變，統治者命運的朝不保夕，各種社會哲學思潮的潛消暗變，人們的信仰危機和人生價值觀的泯滅，都迫使不少統治者在找不到一種安頓普天下臣民精神歸宿的窘狀之下，不得不再一次翻起周秦政治史中的南面之術，把它當作控馭人民、鎮住寶座的最後一道堤防，來抵擋臣民日漸不講社會秩序、不重政治權威的洶湧思潮。光明正大、公開的尊嚴和權威既然不被臣下所承認和服氣，就只有靠玩陰謀、耍詭計，互相以權謀相較量了。《三國演義》之所以爲廣大人民喜聞樂見，其不朽的魅力多半在於它是一部演繹智謀故事的宏篇鉅製。小說中如此多的政治權謀和軍事韜略，如此豐富的鬥爭手法和密計，不知吸引了多少讀者的心。這正是三國魏晉時代社會道德淪喪、人生價值危機、政治思想由明到暗，統治手段由陰謀到陰謀的大轉變現實的生動反映。統治之術經過兩漢時期的潛滋暗長，到大分裂大動蕩的三國兩晉南北朝時期，已是沈浡泛起，匯為洪流了。《大禹謨》的出籠，即是有力的證明。它以儒家經典的假面目出現，販賣的卻是當時社會所暢銷的帝王南面術。文中有：「汝惟不矜，天下莫與汝爭能；汝惟不伐，天下莫與汝爭功。」這與老子的名言「不自伐，故有功；不自矜，故長。夫惟不爭，故天下莫能與之爭」沒有什麼不同，都是告誡人君應以卑弱自守的理論，是南面術的中心內容。緊接著，文中又有被後世理學家奉為心性之學的「十六字心訣」的文字：「人心惟危，道心惟微。惟精惟一，允闕執中」。實際上應是充滿機宜的南面術之要訣，指的是統治者用心於臣民時，惟有使一切法度儀文弄得高不可攀，神聖得很，讓他們望而生畏，繼而生敬，便不敢有所潛越，犯上作亂了。此所謂「人心惟危」；用心於道，惟有使一切權術機宜隱而不見，讓臣下莫測高深，便無從投機欺主，這就是「道心惟微」。而「惟精惟一，允厥執中」，是指人君分任臣下各居一職，自己只總其成而已。這些都是魏晉時代統治層從古代文獻中涵詠推出的南面之術的新見解。

張舜徽先生曾指出，南面術的所以必強調「人心惟危」，是古代道家根據「人主之所以制臣下者，威勢也」的原理，考慮到被統治者廣大群眾所最害怕的是高大尊嚴，所以他們談到控制臣下，認爲沒有比加強威勢更好的做法。至於強調「道心惟微」，便是根據「凡道必周必密」的原理，考慮到臣下所以不敢欺騙君主，首先決定於君主的意圖無從窺探，所以他們談到人君自處，認爲沒有比深藏若虛還要好。

漢唐御下之道

我國歷史上，自周秦以下的封建統治者，有不少的人在運用南面術上很成功，表現在漢唐兩代開國之初特別明顯。例如，劉邦是一個起徒步而爲天下的人，沒有什麼文化水準，不懂得這些道理，經過蕭何、張良這些人的指點，他也就明白了。《漢書·高帝紀》載：「七年二月，蕭何治未央宮，立東闕、北闕、前殿、武庫、太倉。上見其壯麗，甚怒。謂何曰：『天下匈匈，勞苦數歲，成敗未可知。是何治宮室過度也？』何曰：『天下方未定，故可因以就宮室。且夫天子以四海爲家，非令壯麗，亡以重威，且亡令後世有以加也。』上說。」這自然是蕭何一生得意之作，也就是運用了「人心惟危」的原理，使之具體化了。可知蕭何對南面術是極其精通的。他對漢高祖的這一啓發，作用至爲深遠。又如唐太宗是中國歷史上傑出的政治家，一生得力於臣下的啓發和幫助也不少，不獨他最親信的魏徵很懂南面術，即如孔穎達之流的書生，也都明白這些道理。《貞觀政要》卷六《謙讓》篇記載有：貞觀三年，太宗問給事中孔穎達曰：「《論語》云：『以能問於不能，以多問於寡，有若無，實若虛。』何謂也？」穎達對曰：「聖人設教，欲人謙光，己雖有能，不自矜大，仍就不能之人，求訪能事。己之才藝雖多，猶病以爲少，乃就寡少之人更求所益。己之雖有，其狀若無；己之雖實，其容若虛。非惟匹庶，帝王之德亦當如此。夫帝王內蘊神明，外須玄默，使深不可知。故《易》稱『以蒙養正，以明夷莅衆。』若其位居尊極，炫耀聰明，以才陵人，飾非拒諫，則上下情隔，君臣道乖，自古滅亡，莫不由此也。」孔穎達建議帝王要「內蘊神明，外須玄默，使深不可知」，顯然是符合「道心惟危」的原理的。不是對南面術深有研究的人，也不可能窺見及此。

韓非「法術」

而戰國末期的思想家韓非，他的所有理論皆緊密圍繞封建專制主義的政治需要而展開，其法、術、勢的結合以及創造和發展，標誌著專制主義理論發展的一個里程碑。其中的「術」，就是國君「因任而授官，循名而責實，操殺生之柄，課群臣之能」（《韓非子·定法》）的一套辦法，是國君「藏之於胸中以偶衆端，而潛御群臣」（同上）的一種隱蔽手段，屬「帝王之具也」，即帝王的秘密統治術。《韓非子·主道篇》可作爲中國帝王統治術的綱領性文獻。文中稱：「君無見其所欲，君見其所欲，臣自將雕琢；君無見其意，君見其意，臣將自表異。故曰：去好去惡，臣乃見素；去舊去智，臣乃自備。故有智而不以慮，使萬物知其處；有賢而不以行，觀臣下之所因；有勇而不以怒，使群臣盡其武。是故去智而有明，去賢而有功，去勇而有強。群臣守職，百官有常，因能而使之，是謂習常。」這段話的意思是：人君不要表現出慾望，否則臣下就會精心粉飾自己的言行；人君也不能表達自己意圖，否則臣下就會僞裝他們的行爲。君主沒有露出好惡愛憎的眞意，臣下才可流露實情。君主掩蓋起自己的成見和聰明，臣下才會小心謹愼地對待他們的言行。所以君主應該有智慧也不用來思慮，使萬物處在它適當的位置上；有賢能也不表現爲行動，以便察看臣下言行的依據；有勇力也不用來逞威風，而使臣下去發揮他們的武勇。所以君主不用自己的智慧就能英明，不用自己的德才就有了功績，不用個人的勇力國家就能強大。群臣各盡職責，百官都有常法，君主只需根據才能去使用他們，遵循常規辦事就行了。

「寂乎其無位而處，謬乎莫得其所。明君無爲於上，群臣竦懼乎下。明君之道，使智者盡其慮，而君因以斷事，故君不窮於智；賢者效其材，君因而任之，故君不窮於能。有功則君有其賢，有過而臣任其罪，故君不窮於名。是故不賢而爲賢者師，不智而爲智者正。臣有其勞，君有其成功，此之謂賢主之經也。」（同上）

這段話的意思是：寂靜啊！君主寂靜得好像沒有處在君位上；寥廓啊！臣下幾乎不知道君主在哪裡。英明的君主在上面無爲而治，群臣在下面誠惶誠恐地履行職責。聰明的君主治國之道，是讓智慧之臣去處理事情，君王再按照此去決斷，所以君主的智慧就不會窮盡；勉勵有才幹的臣下去發揮才幹，君主依此才而派任務，所以君主的才幹也不會枯竭；臣下做出功勞來了，可以歸功於君主，如果臣下做錯了，罪過就該臣下去背，於是君主的名聲也同樣不會受損。因此君主不賢也可以做賢臣的老師，不智也可作智者的君長。臣下承擔勞苦，君主享受成功，這叫賢君明主的常守之法。

「道在不可見，用在不可知；虛靜無事，以暗見疵。見而不見，聞而不聞，知而不知。知其言以往，勿變勿更，以參合閱焉。官有一人，勿令通言，則萬物皆盡。函掩其跡，匿其端，下不能原；去其智，絕其能，下不能意。保吾所以往而稽同之，謹執其柄而固握之。」（同上）

這段話的意思是：做君主的原則，在於使臣下無從觀測，運用道的時候，在於讓臣下不能瞭解；君主保持虛靜無事的態度，隱蔽地觀察臣下的過失。看見了好像沒有看見，聽到了好像沒有聽到，知道了好像不知道。君主瞭解臣下的主張以後，不要變更它，用驗證的辦法來考察它是否與行動一致。每一官職只有一個人，不要讓他們互相通氣，那麼一切事物的眞相就都顯露在君主面前，而臣下卻都依然蒙在鼓裡。君主嚴密地掩蓋起自己的行跡，隱藏起自己的念頭，臣下就無從探測；去掉自己的智慧，不用自己的才能，臣下就無從揣度。不洩露我所嚮往的意圖而考察臣下是否和我一致，謹愼地抓住權柄而牢固地掌握它。

「人主之道，靜退以爲寶。不自操事以知拙與巧，不自計慮而知福與咎。是以不言而善應，不約而善增。言已應，則執其契；事已增，則操其符。符契之所合，賞罰之所生也。」（同上）

這段話的意思是：君主的原則是以「靜退」爲珍寶。自己不操勞事務而知道臣下辦事是拙是巧，自己不謀慮事情而知道臣下的計謀得福還是得禍。因此，君主雖然不說話，臣下卻能很恰當地提出自己的主張；雖然對臣下不作規定，臣下也能作出更多的功效。臣下提出了主張，君主就作爲契來掌握；事情作出了功效，君主就作爲符來掌握。契符相合進行驗證，就是賞罰所以產生的根據。

總之，深藏不露，表面無爲，是韓非所論述的「術」之核心內容。只有如此，君主才可以「事在四方，要在中央，聖人執要，四方來效」，抓住萬事之綱，「不親細民，不躬小事」，把關鍵性大權緊緊握在自己手裡，而獨斷獨行。「任人」之術是人君南面術的中心內容，其他如防奸之術、禁奸之術、察奸之術、除奸之術，都有一套機巧和法術，從不同角度來保證「任人之術」的貫徹實施。

由此可見，老子的「聖人處無爲之事，行不言之教」，「多言數窮，不如守中」等教誨，使無數政治家從中悟出了南面術的玄妙和力量。裝糊塗、不說話，使人不知其所以，猜不透他的內心世界和眞實動機，從而就自然給人以神秘感，由神秘感漸漸地變成神聖感。不說話的確有時比說話的分量大得多，效果好得多。不表現同樣比任何表現要優越得多，主動得多。難怪白居易有「此時無聲勝有聲」的感慨，魯迅也有「於無聲處聽驚雷」的體會，近代有句名言，叫做「沈默是金」，恐怕講的都是這個「多言數窮」的道理。是的，歷史上還沒有哪個以能言善辯著聞、以博學多識聞名、以卓才奇藝見稱的君王能夠守國長久的，有人倒是恰恰總結出另一種有趣規律：多才多藝者，多亡國喪邦之君。如陳後主、隋煬帝、李後主、宋徽宗等即是其例。相反地，無才無學甚至無德行的劉邦爲何能制勝文武雙全均過於時人的項羽，這倒眞應該從更深層次去探求眞諦，但無論如何，帝王南面術中的很多道理，不正好歸納了一部楚漢相爭史嗎？而許多居上位者，由於愛憎太分明，好惡太直露，政見太明確，就容易出問題，臣下勢必多紛爭，多投機，多奸佞，多朋黨，多鬥爭，多動亂。直至今日，有不少領導人，仍然看不透個中道理，爲了爭一時之激忿，爲了獲一時之榮耀，爲了逞一時之聰明，爲了圖一時之痛快，竟頻繁走到公衆最前台，頻繁亮相，頻繁表演，左一個講演，右一個發言，今天一個題詞，明天一本著述，剛剛一個提倡，緊接著一個發揚，甚至是誰愛打橋牌，誰愛玩高爾夫，誰喜歡大合唱，誰醉心於交響樂的個人癖好與趣都裸露無遺，這種狀況，這種境地，如何能夠讓人產生敬畏感、神秘感、神聖感？他的權威便自然江河日下了。這些表現，都是與古代政治家希冀的居上位者要盡量收其形、斂其跡、緘其口、摒其神的追求背道而馳的。要知道，中國人自古以來就有「貴遠賤近」、「貴古賤今」之民族心理特性，距離越遠，就覺得越珍貴，越了不起，假如眞的與群衆距離拉得太近，所謂「同吃同睡同勞動」的話，那麼，每個人對他的神秘感自然會消失殆盡，神聖和權威感亦隨之喪失，緊接著，會讓居下位者這樣想：既然此人的吃喝拉撒，行起坐臥，言談舉止跟我們並沒有什麼不一樣的，那憑什麼他能居上位，我等卻恥居其下？「王侯將相寧有種乎？」於是，不滿之心，反抗之志便開始萌生了。這是多麼危險的事！

時代的選擇

我們還是回到唐代貞觀時期，看看魏徵在統治術方面的一些微言大義。

魏徵並不是一個把琢磨和貢獻統治術放在他首要政治任務的人。這正好說明他是個洞穿世事，參透形勢的聰明老練的政治家。爲什麼這樣說呢？原因有二。

首先是魏徵覺得時代特徵決定了南面之術不是當時君主最必要的統治需求，而且從唐太宗的發跡史和個人特徵來看，也不可能以南面術爲主去御國秉政。魏徵是個博識多聞的政治家，他從歷史上無數王朝更迭的實際狀況中考察分析，自然應當看出這樣一條規律：大凡開國創業之君主，是沒有什麼必要也不太可能使用南面術的。即使有一些做法，也僅局限在前文所講的「主運」學說方面，以騙爲主的一套五德終始、君權神授的東西，大講其天命有歸、得國合法的輿論宣揚，而較少需要那些「主道」學說中的「裝」的功夫和名堂。因爲開國之時，正是被滅之國、被推翻之君的罪惡和苦難給天下臣民感受最深之時，同時也是開國新君最爲天下所歸、最受臣民擁戴之際，新君主的威望如日中天，臣民敬之如日月，愛之如父母，他的豐功偉績也是完全公開地展現在天下面前，所以用不著在這種良好的局面下去進行陰謀權術和秘密對策。況且，開國新君往往有一個由臣到君、有的甚至是由民到君的奮鬥過程，他的前半部分的政治生涯是與衆多部將、同僚或者士兵、文人、農民百姓等緊密相連的，他的個性、癖好、形貌、言談、舉止、才藝、能力及特殊的恩怨糾結、人際交往等等，早已爲人熟知，成不了什麼秘密。所以當他成爲帝王之後，便無法一下子斬斷他前半生的種種經歷和表現，無法擺脫過去的形象留給世人的印記。如果突然改變這一切，則反而於己於國有大害；不如因循他一步步累積起來的權威和聲望，靠他建立出來的崇高勢力君臨天下，便足夠他統治一生的了。而那些承嗣後繼之君的情形則大爲不同，由於缺少那種開國之君的功業，要鎮守住先輩祖宗創下遺留的江山社稷，就沒有那種權威聲望可憑可恃了，只得求助於以陰謀權術爲特徵的一些統治手段和方法了。唐太宗李世民應屬於創業開國之類的君主，他的文韜武略，天聰聖睿早已譽滿天下，爲臣下所盡知，如果他一旦登上皇位，便突然裝糊塗，去掩蓋聰明、隱藏智慧、收斂形跡的話，勢必會讓臣下感到可怪可笑，太不自然，太荒誕滑稽了！隋煬帝的種種暴政，累累罪行，早已以一種元兇大惡的昏君形象釘在歷史的恥辱柱上，同樣也深深烙印在天下人民的心中。奮起「義師」，掃蕩殘暴，殄滅昏君，開創新朝，與民更始，便在天下人看來，是自然而然的正義之舉，唐朝是天經地義的應天承運，唐太宗也就毋庸置疑地是聖君明主了。在這種形勢下，提倡以仁義道德爲人君設計形象，似乎是無可選擇的選擇了。魏徵正是瞭解了這一切深層的社會歷史背景，才毅然地提出以儒家色彩爲主的文德治國方針，而奠定了貞觀時期統治方略的基本格調，即君臣同心，上下協力，以光明正大、相互信賴的君道爲主要方向。

其次的原因是由於魏徵本人的人生態度和對自己政治命運的考慮的結果所致。上一章我們已對魏徵的人生觀有詳細推論，他是一個受儒、道之學薰陶浸染較深的人，他雖經常用道家的哲學去認識和觀察、分析和討論世界和天地萬物，但他的人生觀和價值取向卻是相當純正的儒家精神。家庭的學風淵源，父親的教誨和做人的榜樣，自己對國、對家、對自身存在價值和前途命運的思索，魏晉以來冷酷嚴峻的社會變亂和人與人之間殘酷慘淡的社會關係，給魏徵留下了無法磨滅的痛苦感受和可怕回憶。他太渴望社會的安寧、穩定和秩序，太渴望人間的敦樸、誠信、仁愛和溫暖，於是，他就很希望政治乾乾淨淨，君臣之間磊磊落落、清清白白。大家何不在埋葬了惡夢一般的隋朝暴政之後，在迎來的天朗氣清的新天地裡，爽爽朗朗、輕輕鬆鬆地過一回呢？爲何一定要把社會政治搞得緊張兮兮、人人自危？君臣之間爲何就不能開誠佈公，而非得你提我防，爾虞我詐，勾心鬥角，互相算計不可呢？從魏徵的一生看來，他所體現的大公無私、剛直不阿、坦蕩磊落、忠誠平實的種種品格和作風，分明是一種自覺的爲某種道德理想在獻身，在殉情。他在用自己純潔的崇高的政治熱情去不懈地呼喚著政治的純潔和崇高。從這個角度來講，對政治諳熟得當時無人倫比的他，不是不懂得帝王南面之術，而是從情感上，從人生態度上都不大願意去提及它、提倡它。再從個人政治經驗和處世謀身的打算上講，魏徵也不會熱衷於提倡和貢獻他很在行的南面統治之術。這是因爲他非常清醒地知道歷史上的沈痛教訓：凡是對統治術太有研究，掌握和運用得太高極、太巧妙的人，沒有一個本人有好下場的。創造陰謀哲學的大師韓非，不是被人害得很慘，死得很冤嗎？歷史的事實就這麼無情，它發誓要生發出一條令人無可奈何的悖論：按照南面術的本旨而論，誰創造和發表出的政治智慧和藝術的程度越高級，那麼他在別人的心目中就越危險，越令人防範和猜忌，因而就證明他背離自己所發明和提倡的本旨越遠，他本身也就必然成爲南面術的第一個犧牲品。韓非就是這樣死去的。這是多麼深刻而可怕的辯證法！你把帝王最隱秘的心事、最大的企圖、最深的憂慮、最想做的事、最怕人知道的手段等等都研究了，都知道了，那麼，帝王還能放過你嗎？你的死期還會遠嗎？協助君王搞陰謀的人，君王如果不除掉你，還叫什麼「陰」謀？有旁人知道的東西，就該稱「陽謀」了。有鑒於此，魏徵不到迫不得已，是絕不輕易提南面術的，即使是涉及到了這個內容，有這種內容的實質，也要小心地改換一種包裝，換成另一種形式向皇上推銷出去。所以，爲了這一層考慮，我們就自然找遍魏徵的所有文字，也找不到一處正正規規、標標準準的南面統治術的字眼和詞句，而只有透過抽絲剝繭、精推細敲的功夫，去窺探其隱雲罩霧的廬山眞面目。

道而儒，儒而道

魏徵的思想轉變軌跡有一個特點，即青年時期道家、縱橫家的色彩較重；到了貞觀以後，儒家思想占了上風；大約貞觀十四年以後，即他的晚年，道家思想又抬了頭，開始漸漸與儒家思想並駕而馳，呈現出典型的儒道兼綜特徵。他的統治術意蘊的言論，大多出自這段時期，表現出一個年屆花甲的政治老人深邃而圓熟的政治經驗。

例如貞觀十五年，「太宗問魏徵曰：『比來朝臣都不論事，何也？』徵對曰：『陛下虛心採納，誠宜有言者。然古人云「未信而諫，則以爲謗己；信而不諫，則謂之尸祿」。但人之才器，各有不同。懦弱之人，懷忠直而不能言；疏遠之人，恐不信而不得言；懷祿之人，慮不便身而不敢言。所以相與緘默，俯仰過日。』……」(《貞觀政要》卷二《求諫》)這段記載，反映了在貞觀中期以後，新政權的鮮活生命機制已漸喪失，封建君王在開國之初擁有的良好政治環境和正常良好的「同志式」君臣關係正在蛻變，封建時代君主專制統治的固有特徵，不可避免地顯示出來，並成爲影響君主專制統治不可能健康長壽的絕症。儘管魏徵不願意看到當時的帝國政府，又面臨著要走回以前王朝統治時必須抱著君臣陰謀算計的南面方術的老路，仍然執著地倔強地不悔地堅持和呼喚儒家描述的那種充滿人情的、家庭式的、有道義的主明臣直的理想君臣之道，但是，他卻不幸地看到了這幕現實存在的政治狀況：近來朝中大臣都不論議政事了。究竟原因，更讓魏徵失望。儒弱的人，雖然懷著忠直之心，但不能說出來；被君主疏遠的人，擔心不受信任因而不敢說；心中只考慮個人的利益的人，因時刻只計算自己的利害而不願意說。於是，朝臣中便出現這種緘默不言、隨波逐流，苟且度日的現象。這一切的深刻根源卻在於人臣「懼死亡之禍」，「非不欲竭誠，乃是極難」。大臣們的眼睛是雪亮的，心裡是有數的，沒有誰是傻瓜蠢蛋，達不到進言目的卻冒白刃、赴鼎鑊地去送死！他們「懼死亡之禍」是可以想像的，是完全能夠理解的。重要的是他們爲何會這般的怖懼、畏禍？終極的原因在於君的利益與臣的利益畢竟不一致，兩者存在著許多根本的差異和衝突。君的專制統治不容懷疑，不能受威脅，臣下倘若打著爲國爲民的旗號，卻做著否定某君主存在必要性的事情，君主勢必會毫不留情地予以打擊和消滅。人民和國家都是常存的，永恆的；而某一君主之位卻是有限的，短暫的。在大臣們看來，誰當君主他們總是臣下；而在君主看來，不當君主就意味著被推翻，就象徵著完蛋。故孔子說過：「君者，魚也；民者，水也。魚失水則死，水無魚仍爲水。」君與臣的矛盾癥結就在這裡，在帝王們看來，「臣民誠可貴，江山價更高，若爲君位故，兩者皆可拋！」古今中外，沒有哪個統治者爲了國家和人民的利益著想而心甘情願地放棄自己的統治的。

君與臣的根本利益衝突既已成爲客觀事實，那麼君臣眞正地要做到「義均魚水，形同一體」便只能是自欺欺人的幻想，君王必然要運用統治術，必然要以種種密計和陰謀去潛御群臣。魏徵儘管心中很痛苦，但不得不承認這一事實。所以，他在一生的最後四、五年裡，便不得不修改他的政治主張，既要不懈地堅持仁義道德和忠禮誠信的那一套「既定方針」，又得根據近來出現的政治局面和現狀去悄悄地施用南面陰謀政術。他開始有些無奈地屈從於靠「飲鴆止渴」的短期行爲來拯救眼前的窘況了。因爲他明明看到上述的朝臣都不議論政事，也看到了唐太宗過多展露了聰明才智所帶來的惡果：「太宗威容嚴肅，百僚進見者，皆失其舉措。」（同上，卷二《求諫》）君王表現得太能幹，太強大，不一定是個好事情。哪怕你皇上「每一思政理，或三更方寢」，不管如何勤奮，如何能幹，「一日萬機，一人聽斷，雖復憂勞，安能盡善？」一人再怎麼厲害，不調動廣大臣下的積極性，使他們竭誠盡智，便是累死了也無法支撐起這個國家的統治。所以，既要大臣們發揮積極作用，替自己幫忙，又不致於影響和威脅君主的威望和權位，似乎除了南面術外，沒有什麼更佳的途徑，沒有再好的法子了。

於是他開始在「道心惟微」上琢磨和觀察唐太宗，委婉甚至隱晦地向他點撥其中的得與失。他指出皇上「一二年來，不悅人諫，雖黽勉聽受，而意終不平，諒有難色」。其「聽之道」的修養還未到家。有時進一步提醒皇上「但寬於大事，急於小罪，臨時責怒，未免愛憎之心，不可以爲政。」（同上，卷三，《君臣鑒戒》）只有達到老子所說的「挫其銳，解其忿，和其光，同其塵」，才算是「玄明」，否則就是昏庸，而不是英明。聰明的君王應該避開衆臣的注意力，潛在暗處，而把群臣置於明處，這樣才可瞭解或監視住群臣，自己便取得了主動。魏徵就建議唐太宗對大臣採取「勖之以公忠，期之以遠大」的總體要求就行了，不要詳細具體地過問微末之務，讓群臣們「各有職分，得行其道」。然後，君主就可高居深視，以暗觀明，以靜制動，以無爲察有爲。「貴則觀其所舉，富則觀其所養，居則觀其所好，習則觀其所言，窮則觀其所不受，賤則觀其所不爲。」（同上，卷三《擇官》）充分地瞭解了臣下，就不難控制和擺佈他們了。接下來就能夠輕鬆容易地「因其材以取之，審其能以任之，用其所長，揜其所短」（同上），對他們便可自如地運用於掌上，治理好一個國家就一點也不費事了。

人君慎言

對於魏徵，唐太宗的鮮明的個性對政治的影響，始終是他的心病，所以他不斷告誡道：「出言無隱，疾惡太深」，是進行統治術的大忌，甚至是做皇帝的最大缺陷，這一點若不痛下決心改掉，想使天下治理，國家長久，恐怕很難。的確，我們只要稍稍翻閱唐代貞觀年間的歷史材料，就會有較強烈的印象，唐太宗的話是夠多的了，一本《貞觀政要》，百分之七十是他的言論。這與「聖人處無爲之事，行不言之教」的宗旨是相違背的。關於他的這一毛病，不但魏徵看到了，孔穎達也提醒過，還有別的大臣也忍不住給皇上提意見，勸他少講話，多聽別人說。例如「貞觀十六年，太宗每與公卿言及古道，必詰難往復。散騎常侍劉洎上書諫曰：『帝王之與凡庶，聖哲之與庸愚，上下相懸，擬倫斯絕。是知以至愚而對至聖，以極卑而對極尊，徒思自強，不可得也。陛下降恩旨，假慈顏，凝旒以聽其言，虛襟以納其說，猶恐群下未敢對揚。況動神機，縱天辯，飾辭以折其理，援古以排其議，欲令凡庶何階應答？臣聞皇天以無言爲貴，聖人以不言爲德，老子稱「大辯若訥」，莊生稱「至道無文」，此皆不欲煩也。是以齊侯讀書，輪扁竊議；漢皇慕古，長孺陳譏，此亦不欲勞也。且多記則損心，多語則損氣，心氣內損，形神外勞，初雖不覺，後必爲累。須爲社稷自愛，豈爲性好自傷乎？竊以今日升平，皆陛下力行所至，欲其長久，匪由辯博，但當忘彼愛憎，慎茲取捨，每事敦樸，無非至公，若貞觀之初則可矣。至如秦政強辯，失人心於自矜；魏文宏材，虧衆望於虛說。此才辯之累，皎然可知。伏願略茲雄辯，浩然養氣，簡彼緗圖，談焉怡悅，固萬壽於南岳，齊百姓於東戶，則天下幸甚，皇恩斯畢。』」（同上，卷六《愼言語》）唐太宗深知魏徵等人奉勸的道理，也明白自己這愛說話、好表現的個性，常常爲此苦惱，甚至恐懼不安。貞觀八年，唐太宗就覺悟此道，曾講過「言語者君子之樞機，談何容易？凡在衆庶，一言不善，則人記之，成其恥累。況是萬乘之主，不可出言有所乖失。其所虧損至大，豈同匹夫？我常以此爲戒。」魏徵對他的這一認識深表贊成，於是連忙鼓勵，說：「人君居四海之尊，若有虧失，古人以爲如日月之蝕，人皆見之，實如陛下所戒愼。」（同上）

可是，綜觀唐太宗一生，他依舊話沒少說，聰明沒有稍微收斂，喜怒愛憎沒有稍微掩藏，而是恰恰相反，傲物恃才、驕奢縱放之態日益明顯，日漸頻繁。眼見得當今的皇上不是個南面統治術的材料，是個好說好動、靜不下來閑不住的漢子，於是魏徵就徹底死了心，不再爲統治術去多說些什麼了。

諫術闡幽

進諫之術，本來是與統治術的有機組成部分，人臣之諫與人君之聽是一問題的兩個方面。照理應該作爲統治術之一部分，在一塊兒講講就行了。但是，鑒於魏徵是歷史上最有名的諫臣，他的一生都與「諫」字有關，本書既然寫的是他的「忠諫人生」，爲了突出這一點，故特闢專節，討論一下魏徵進諫的方式和方法，技術和藝術，也許是件有趣且有益的事。

諫的意義及形式

諫術即進諫之術，指臣下向君主進言勸諫的方法和方式、技巧。它淵遠流長，自從有了君臣，有了政治，就有了對諫術的探討和總結。早期奴隸社會，臣下已有對君主的規諫。

《尚書·引征》云：「每歲孟春，遒人以木鐸徇於路，官師相規，工執藝事以諫。其或不恭，邦有常刑。」這裡所說的「官師相規」，是指「官以職言，師以道言。規，正也。」「官師百工不能規諫，是謂不恭，不恭之罪，猶有常刑。」（孟子語）可見在殷周時代，規諫君王已成爲臣僚的職責之一，君王有過失罪錯，臣下負有糾彈規勸之責，若不履行這一職責，是會受到法律處置的。

但是，君王之罪錯，儘管可以規諫，但應以君臣之禮爲前提，應該有個限度，不能違反君王的尊嚴和榮譽。《禮記·曲禮》中有「爲人臣之禮，不顯諫。三諫而不聽，則逃之。」這是指諫的限度而言。《檀弓篇》曰：「事君有犯而無隱。」因爲君臣主「義」，隱瞞自己的看法和意見，不敢忤犯，則是畏威阿容，是損害「義」的。所以，人臣寧願「犯」主而不可「欺」主，哪怕是冒生命危險也要匡救君主之惡。這是指諫的忠誠態度。《少儀》篇又曰：「爲中臣下者，有諫而無訕，有亡而無疾。頌而無諂，諫而無驕。怠則張而相之，廢則掃而更之，謂之社稷之役。」《表記》篇亦曰：「子曰：『事君，遠而諫則諂也，近而不諫則尸利也。』」這是指諫的原則和辯證法，已經開始講求諫術了。《孔子家語·辯證》中記載：「孔子曰：忠臣之諫君有五義焉，一曰譎諫，二曰憨諫，三曰降諫，四曰直諫，五曰風諫，唯度主而行之。吾從其風諫矣乎！」可知早在東周時期，諫君的方式已經多樣化了，孔子就初步歸納出五種類型。

《說苑》一書有《正諫》篇，就孔子所說的五種諫法進行了闡述和發揮。「《易曰》：『王臣蹇蹇，匪躬之故。』人臣之所以蹇蹇，爲難而諫其君者，非爲身也，將欲以匡君之過，矯君之失也。君有過失者，危亡之萌也。見君之過失而不諫，是輕君之危亡也。夫輕君之危亡者，忠臣不忍爲也。三諫而不用則去，不去則身亡。身亡者，仁人所不爲也。是故諫有五：一曰正諫，二曰降諫，三曰忠諫，四曰憨諫，五曰諷諫。孔子曰：『吾從其諷諫矣乎！』夫不諫則危君，固諫則危身。與其危君，寧危身，危身而終不用，則諫亦無功矣。智者度君權時，調其緩急而處其宜，上不敢危君，下不以危身，故在國而國不危，在身而身不殆。」這是從君臣之道出發，確定了人臣進諫的總原則，即既不危君，又不危身，兩全其美，才是最理想之諫。

進諫不容易

以上言論都只是規定了諫諍的責任、義務、原則、基礎等，還沒有涉及到諫諍的技巧和藝術，眞正在進諫的技藝上進行系統探討和總結的，是韓非。他著名的文章《說難》，是中國歷史上第一篇有關諫術的論著，從而奠定了我國封建政治思想史上的「君主聽道」和「人臣言道」（合稱「聽言之道」）的理論。「說難」，即向君主進說的難處。韓非在這篇文章中分析了進說過程會遭到的種種困難和危害，指出要達到進說的成功，必須根據不同的情況，迎合君主的心理和要求，獲得君主的信任。這篇《說難》，簡直可以稱爲《進諫者須知》，而韓非的另一篇《難言》，則更是一幕幕進諫者活生生的遭遇及心情感受的大寫眞。我們先看看《難言》的叙述：

臣非非難言也，所以難言者：言順比滑澤，洋洋纚纚然，則見以為華而不實；孰祇恭厚，鯁固慎完，則見以為掘而不綸；多言繁稱，連類比物，則見以為虛而無用；總微說的，徑省而不飾，則見以為劌而不辨；激急親近，探知人情，則見以為譖而不讓；閎大廣博，妙遠不測，則見以為誇而無用；家計小談，以具數言，則見以為陋；言而近世，辭不悖逆，則見以為貪生而諛上；言而遠俗，詭躁人間，則見以為誕；捷敏辯給，繁於文采，則見以為史；殊釋文學，以質信言，則見以為鄙；時稱詩書，道法往古，則見以為誦。此臣非之所以難言而重患也。

這一段總結了難於進言的原因。列舉了一系列的難言情況，總之是你這樣講，君主以爲不好，那樣說，君主還是認爲不妥。似乎每一種進言方式都有毛病可挑，總不能讓君主滿意。你說得流暢華順，君主卻以爲是華而不實；你講得質樸厚道，認眞周到，君主卻以爲是笨倔不成體統；你過多的論說，旁徵博引，又被認爲空虛無用；你提綱挈領，簡明扼要，又被認爲太馬虎簡單，而且鋒芒太露；你講得激烈明快，無所忌諱，觸及他人的內心隱情，又被認爲不謙遜，說壞話；你講得廣闊深遠，卻被認爲是誇張其談；你一件件具體地談周圍小事，卻又被認爲淺薄庸俗，沒有見識；你講得通俗貼切而又謹愼順從，又被認爲是貪生怕死而巴結討好；你講得高超遠俗，不同凡響，又被認爲是言詞怪異，故弄玄虛。你口才敏捷，能言善辯，富於文采，卻被認爲是形式主義，不質樸不實在；你不飾文詞，質樸坦誠地講話，卻被認爲是粗俗；你如果引經據典，稱古道今，卻被認爲是在死背古書，泥古不化。這些都是難於向君主進言而深感憂慮的原因。

文章接著舉了大量的史例，證實了向君主進諫的困難。伍子胥、孔子、管子三人都是賢人，可是他們的遭遇說明了他們三國的君主不明智，導致了進諫不從的結局。還有伊尹說湯、文王說紂、比干、梅伯、曹羈、百里奚、傅說、孫臏、吳起、商鞅、關龍逢、萇弘、尹子、子期、田明、宓子、范睢等十幾人的故事，他們都是世上仁厚忠貞賢良有才之人，不幸遇到荒謬昏亂、糊塗不明的君主而死了。像他們這樣的聖賢也不能逃避刑辱和死亡，原因是什麼呢?那就是昏庸的君主難以勸諫，所以有道術的君子也難以進說。韓非講了這些，對於說者（臣），對於聽者（君），本應提示一下應該吸取點什麼教訓了。可是，《難言》並沒有詳細去展開，其人臣之進諫技巧，便留待下一篇《說難》去剖析和總結了。

韓非《說難》

「凡說之難，非吾知之有以說之之難也，又非吾辯之能明吾意之難也，又非吾敢橫失而能盡之難也。凡說之難，在知所說之心，可以吾說當之。所說出於爲名高者也，而說之以厚利，則見下節而遇卑賤，必棄遠矣。所說出於厚利者也，而說之以名高，則見無心而遠事情，必不收矣。所說陰爲厚利而顯爲名高者也，而說之以名高，則陽收其身而實疏之；說之以厚利，則陰用其言顯棄其身矣。此不可不察也。」

這段的意思是說：凡是進說的困難，不是難在我的才智不夠用來向君主勸說，也不是難在我的口才不能闡明我的主張，也不是難在我不敢縱橫如意地把意見全部表達出來。進說的眞正困難在於了解進說對象的心理，以便讓我的話去適應它。進說的對象想得到高尙的名聲，而進說者卻用厚利去打動他，就會被看作是節操低下而得到卑賤的待遇，必定會被疏遠和拋棄。進說的對象暗地裡想謀取厚利，而公開卻裝作追求高名，如果用名聲去說服他、打動他，就會表面上被他納用而事實上被疏遠。如果用厚利去打動他，就會暗地裡採納進說者的意見而公開場合上要拋棄進說者本身。所以進說者的首先任務是必須弄清楚被說者到底需要什麼?被說者的眞正意圖和動機是什麼?不弄清這些，進說者一般不會有好下場的。

「夫事以密成，語以洩敗。未必其身洩之也，而語及所匿之事，如此者身危。彼顯有所出事，而乃以成它故，說者不徒知所出而已矣，又知其所以爲，如此者身危。規異事而當，知者揣之外而得之，事洩於外，必以爲己也，如此者身危。周澤未渥也，而語極知，說行而有功，則德忘；說不行而有敗，則見疑，如此者身危。貴人有過端，而說者言明禮義以挑其惡，如此者身危。貴人或得計而欲自以爲功，說者與知焉，如此者身危。強以其所不能爲，止以其所不能已，如此者身危。故與之論大人，則以爲間已矣；與之論細人，則以爲賣重。論其所愛，則以爲借資；論其所憎，則以爲嘗己也。徑省其說，則以爲不智而拙之；米鹽博辯，則以爲多而久之。略事陳意，則曰怯懦而不盡；慮事廣肆，則曰草野而倨侮。此說之難，不可不知也。」

這段的意思是：事情因為保密而成功，講話由於洩密而失敗。未必是進說者本人洩露了秘密，而是在談話中無意地觸及到了君主心中的隱密，這樣就會身遭危險。君主公開地在做某件事，內心卻想藉此辦成另一件事，進說者不但知道君主表面上所做的事，而且知道他所以要這樣做的意圖，這樣就會身遭危險。進說者替君主籌劃一件不平常的事，而且合他的心意，聰明人從外部跡象上把這件事猜測出來了，事情於是洩露了，君主必定認為是進說者自己洩露的，這樣就會身遭危險。君主對進說者的恩澤還不深厚，進說者卻盡情地講了知心話，如果實行他的主張而獲得成功，就會忘記他的功勞；如果主張行不通而遭到失敗，就會被君主懷疑，這樣就會身遭危險。君主有過錯，進說者毫不含糊地拿禮義等道德標準來指出他的毛病，這樣就會身遭危險。君主有時計謀得當，而想以此作為他個人獨有的功績，但進說者也獻了這個計謀，致使君主不能獨擅其美，這樣就會身遭危險。君主不能做的事情，勉強他去做；君主不願放棄的事情，一定要他停止，這樣就會身遭危險。所以進說者如果同君主議論大臣，君主就會以為是想間離他和大臣的關係；如果同君主議論左右侍從，君主就以爲是想炫耀自己的身價。談論君主喜愛的人，君主就以爲進說者是在尋找靠山；談論君主憎惡的人，君主就以爲是在試探他。進說者的話直截了當，君主就以爲他不聰明，而把他當笨人看待；進說者具體細緻地作廣博全面的談論，君主就以爲他廢話連篇，嫌他說得太多太長。進說者簡略地陳述意見，君主就以爲他膽小怕事，不敢說盡；進說者把考慮到的事情廣泛而不受拘束地講出來，君主就以爲他粗野而傲慢。這些進說的種種爲難，每一個欲諫君主的臣子，不可不知，否則，不但達不到進諫的效果，恐怕連自己的生命都保不住。

進諫之要務

「凡說之務，在知飾所說之所務而滅其所恥。彼有私急也，必以公義示而強之。其意有下也，然而不能已，說者因為之飾其美而少其不為也。其心有高也，而實不能及，說者為之舉其過而見其惡，而多其不行也。有欲矜以智能，則為之舉異事之同類者，多為之地，使之資說於我，而佯不知也以資其智。欲內相存之言，則必以美名明之，而微見其合於私利也。欲陳危害之事，則顯其毀誹而微見其合於私患也。譽異人與同行者，規異事與同計者。有與同污者，則必以大飾其無傷也；有與同敗者，則必以明飾其無失也。彼自多其力，則毋以其難概之也；自勇其斷，則無以其謫怒之；自智其計，則毋以其敗窮之。大意無所拂悟辭言無所繫縻，然後極騁智辯焉。」

這是韓非關於諫術的最有價值的一段話。它是中國歷史最先系統地介紹人臣進諫技巧和藝術的一段文字。這段話的大意是：進說的要務，在於懂得美化君主自認爲得意的事情，掩蓋他認爲羞恥的事情。君主有私人的迫切要求，進說者一定要指明這是合乎公義的而且鼓勵他去做。君主心中有卑下的念頭，然而不能克制，進說者就應該把他的這種念頭粉飾成美好的，抱怨他不去做。君主心中有過高的期求，而事實上達不到，進說者就應爲他舉出這件事情的缺點，揭示它的壞處，稱讚他不去做。有的君主想自誇智能，進說者就應給他舉出同類的其他事情，多爲他提供依據，使他能借用我的說法，而我卻假裝不知道，這樣來幫助他自逞才智。進說者要向君主進獻與人相安的話，必須用好的名義加以闡明，而又暗示它合於君主的私利；進說者想要陳述有危害的事情，那就要明白地說出舉辦此事會遭遇的毀詆誹謗，而又暗示它對於君主也有害處。進說者稱讚另一個和君主有相同行爲的人，這樣就間接地歌頌了君主；籌劃另一件與君主考慮相同的事，這樣就間接地幫助了君主。有人跟君主有同樣卑污的行爲，進說者必須大力粉飾，說它沒有害處；有人跟君主遭到同樣的失敗，進說者必須用明言掩飾，說他沒有過失。君主誇耀自己力量時，就不要用他難辦的事去壓抑他；君主自以爲他的決斷很有魄力時，就不要用他的過失去觸怒他；君主自以爲計謀高明時，就不要用他的失敗去困窘他。進說的內容對君主沒有什麼違逆，言辭和君主的心意沒有什麼抵觸，然後就可以盡情地施展自己的智慧和口才了。經歷很長的時間以後，君臣之間的關係融洽了，君主的恩澤已經深厚了，進說者深遠的計謀不會被懷疑，爭論事情也不會被加罪，這樣就可以明白分析利害得失來幫助君主建立功業，直截了當地指明是非來幫助君主端正言行，能達到這一地步，才算是進說的成功。

這眞可謂是察言觀色投其所好的進言術了。韓非自己也覺得這樣做並不光彩，但它是得以接近人君，可以進言的必由之路，才能夠爲以後「明割利害，直指是非」鋪平道路，創造條件。不如此，就難以爲言，更談不上爲君主明辨是非，舉措得宜。換句話說，必要的吹捧奉承和適當的文過飾非難以避免，而且是諫者的必要階段。韓非對君主的內心世界和引起的反映實在了解得太透徹，太深刻了，所以他在最後感慨地說道：「夫龍之爲蟲，柔可狎而騎也；然其喉下有逆鱗徑尺，若人有嬰之者，則必殺人。人主亦有逆鱗，說者能無嬰人主之逆鱗，則幾矣。」意思是：龍作爲一種動物，馴服時可以騎著玩；但它喉下有尺把長的逆鱗，如果有人觸動了它，必定會遭到傷害。君主也有逆鱗，進諫者如果不觸動它，就差不多算是善諫者了。

魏徵之學問見識

拿韓非的這些諫說理論去對照一下魏徵的一生諫諍實踐，我們會由衷地欽佩以上兩位政治家的傑出和成熟。一方面，八百年前的韓非，已將諫諍之術研究得如此精湛和深刻；八百年以後的魏徵，也能將千古號稱最難的諫諍之道在實際政治中運用得如此圓熟和成功。不僅如此，我們尤其嘆服的是魏徵，他比韓非更了不起，不但是因爲「說時容易做時難」，而且還因爲魏徵的諫諍實踐，突破了韓非的原有理論規定，塡補了中國諫說學上的許多盲點和空白，創造了許多前人尙未領悟和摸索的新式有效的進諫模式和手段，極大地豐富了中國政治理論，並最終以完滿可敬的人格力量塑定了他在中國歷史上的形象及地位，又以其由諫諍帶來的巨大社會效益和歷史影響而使他留芳百世，名垂千古。下面試就魏徵在諫諍方法上的若干特點和規律略陳己見，聊以彌補學術界在此問題上探索的薄弱。

第一點，學問贍博深厚，根柢紮實牢固，是他的諫諍言論的一個重要特徵。

從魏徵出山從政之日起，他所發表的政論便以一種學者氣味為顯著特色，而從未讓任何一位統治者把他當成為輕狂的文人或十足的政客看待，這與他自幼熟讀墳典，又不拘束獨鑽某一經一派之學，而是講求博通而實用，縱橫而又謹嚴的讀書治學習慣和經歷有關。從他的諫疏章奏文章中去看其學術脈絡，可以說他諸子百家之學都很嫻熟，五經四書更是信手拈來。早年的兵家、縱橫家的痕跡較重，中晚年便由儒、道兩家學說占據了主要地位。他不僅經、子之書運用自如，其史學造詣更是達到了相當驚人的程度，唐代大學者眾多，傑出史學家也不乏其人，而魏徵卻能領銜修史，以頭號史臣立於貞觀一朝，絕不僅是因為他受唐太宗的信任和他本人的官大秩高所致，實亦由於其學識超邁時賢，學術根基有目共睹使然。要說受唐太宗的親信程度，以及比較官位高低威望的大小，他都比不上房玄齡、長孫無忌、高士廉，也無法與前輩的虞世南、褚亮、封德彝、陳叔達、蕭瑀等人比資格和名聲。但唐太宗最終安排魏徵擔任首席史官，可見還是因為他的淵博學問和謹嚴認眞的作風讓人膺服，使人放心。「初，有詔遣令狐德棻、岑文本撰《周史》，孔穎達、許敬宗撰《隋史》，姚思廉撰《梁》、《陳史》，李百藥撰

《齊史》。徵受詔總加撰定，多所損益，務存簡正。《隋史》序論，皆徵所作，梁、陳、齊各爲總論，時稱良史。」（《舊唐書‧魏徵傳》）這次領銜修史的成功，不僅使他躋身爲公爵的最高人臣之列（封鄭國公），而且穩穩地確定了他的最大近代史學家的崇高地位。我們還應注意到魏徵在晚年退居第二線後，被任命爲太子太師職務的事實，從這也可以窺見他在帝王及群臣心中，始終是以學問贍富、根底厚實而著稱的大學者形象。

在魏徵的文章裡，很少發現有單純就事論事和空談高論的現象，相反地，他的任何一篇文章，甚至包括面奏廷對的口頭發言，絕不流於空泛和疏闊，而是有史實、有經典、有往賢前聖的遺訓教誨，因而顯得叙事特別飽滿豐厚，證據也就格外堅實有力。例如他在論及「兼聽則明，偏信則暗」的論斷時，短短的幾行字句裡，就既有《詩經‧大雅‧板》篇之句，又有《尚書》史贊舜之辭；既有《史記‧五帝本紀》中關於共工與鯀的記載，又有秦二世與趙高的史實引用，還有梁武帝與朱异，隋煬帝與虞世基等歷史的援引，眞可謂字字有典，句句有源，無一處無來歷，無一字是空言！在這樣的文章面前，你怎能不服；在如此的說教之下，你爲能不信？類似這樣的諫文諍語，不勝枚舉。

魏徵的人格力量

竭忠盡義，坦誠輸信，以強烈的人格力量和道德感情色彩是魏徵進諫的第二個特徵，使他的諫諍不再拘泥在韓非式的極端冷酷與理智的傳統模式，而是以濃重的感情抒發烘托其理性論點和嚴肅的話題。例如在貞觀十一年的一道上疏中，就以充滿感情的文字在討論一個異常無情的問題：如何總結隋亡教訓，維持大唐帝國的統治。在寫到隋煬帝身死國滅之時，他感嘆道：「是以四海之尊，殞於匹夫之手，子孫殄絕，爲天下笑，可不痛哉！」結尾處在希冀和祝福唐太宗不忘隋鑒，好好守成之時又流露出無限的忠誠和殷殷的囑咐：「順天革命之後，將隆七百之祚，貽厥孫謀，傳之萬葉。難得易失，可不念哉！」即使是在著名的《十思疏》這樣抽象而理性的論文裡，也同樣抑制不住一顆爲大唐的興衰而憂樂的火熱之心，同樣忘不了要抒發一下對德治仁政社會的美好前景的讚美和嚮往之情。

「總此十思，弘茲九德，簡能而任之，擇善而從之，則智者盡其謀，勇者竭其力，仁者播其惠，信者效其忠。文武爭馳，君臣無事，可以盡豫遊之樂，可以養松、喬之壽，鳴琴垂拱，不言而化。何必勞神苦思，代下司職，役聰明之耳目，虧無爲之大道哉！」有的時候，魏徵的諫勸和答對，簡直是在直抒胸臆，將一顆赤誠的心祖露奉上。例如貞觀六年，在調查魏徵不存形跡的一次風波後，他對皇上這樣講道：「臣以身許國，直道而行，必不敢有所欺負。但願陛下使臣爲良臣，勿使臣爲忠臣。」他想爲唐太宗所想，急爲唐太宗所急，設身處地爲唐太宗的前前後後、遠遠近近的心思、願望、目的考慮得情理俱到，因而陡增了一種道理之外的感人力量。例如貞觀十二年，唐太宗準備到洛陽的途中，臨時住在顯仁宮。管理宮苑的官吏，大多被斥責處罰。爲此，魏徵進諫時除了講了一些大道理和列舉隋煬帝的一些無道史實之外，他還接著說：「此非載籍所聞，陛下目所親見，其爲無道，故天命陛下代之。當戰戰慄慄，每事省約，參蹤盛列，昭訓子孫，奈何今日欲在人下？陛下若以爲足，今日不啻足矣。若以爲不足，萬倍於此，亦不足也。」這樣的進諫，其作用往往比一般的純粹說教要大得多，效果往往也是非常好的。果然，唐太宗聽了這席話後，反映不是平日的「嘉納之」或「稱善」，「優容答之」之類的平淡，而是「大驚」，可見聽諫後的感情反響之強烈，並且鄭重向魏徵保證：「非公，朕不聞此言，自今以後，庶幾無如此事。」類似的許多諫語，其誠摯之情，溢於言表，肺腑之言，格外令人動容。這一類的諫術，韓非沒有涉及過，前賢往哲也沒有哪個如此鮮明和頻繁的試驗過，可謂是一種不標準、不道地的諫法。然而，正是這種「無法之法」，卻是最最高明玄妙的「上法」。魏徵在運用時，百試百靈，不失為一種奇妙的新諫術。

諫語激切，文風强直

在孔子所說的五種諫諍類型（即譎諫、戇諫、降諫、直諫、諷諫）中，孔子本人最欣賞諷諫這種形式。可是魏徵不同於孔子的看法，他一生諫諍，大多是「直諫」，不是一般的直諫，而是「極言直諫」，是一種態度強硬，性格耿直，出語激烈，針鋒相對性質的極端型諫法。有的學者在論及這一問題時，也有這樣的看法：「極言直諫之文最盛的時代，自然還在貞觀年間，其中最突出的作者是魏徵。」（見郭預衡〈唐初政治與文章〉，載《河北師院學報》一九八八年四期）文章認爲，唐初政治，就其影響於文章而言，有兩大特徵，一是破格用人，一是空前納諫。這兩點在整個封建社會中都是突出的。由於破格用人，調動了無數布衣、孤貧之士的政治積極性。其中既有易代之際的留用學者，又有開國之後的科舉文人。這些人的多數又都是出自下層，而且經過隋唐之際的社會動亂，其中不乏博古通今之士，最有代表性的是魏徵。像魏徵這樣的人物，如果生在別的朝代，可能是罪該萬死的，危及太宗，如何可赦？但唐太宗爲帝，千古一人，不以爲仇，反以爲鑒，遂使魏徵感恩知己，知無不言。於是形成文字，便產生了具有新的時代特點的直言極諫的政論文章。

魏徵是個易代之際的人物，出生孤貧，生當隋末，屬意縱橫之說，可以說是新布衣起家的策士一流。但又和戰國的策士不同，來自下層，對於國計民生十分關注，對於新的王朝忠心耿耿。「縱橫計不就，慷慨志猶存」，當時所上諫言，僅貞觀之初爲太宗所稱賞者已達二百餘篇。「以隋爲鑒」是其主要內容，文風切直是其主要風格。「切直」是激烈眞切、強硬率直的略稱，指他的諫諍言論不虛套、不客氣、不遮遮掩掩、躲躲藏藏，而是有的放矢，直奔主題；又指他的文風無私無畏、不諛不阿、不添鹽加醋，不迂迴隱晦，而是指失陳過、不留情面；也指他的諫術風格不溫柔、不矯情、不造作，而是火藥味極濃，震撼力極強。表達小事具體事時，是寸步不讓，毫不妥協，據理力爭；論說大事時，更是言深意切，詞完理到，圍繞主題，反覆論說舉證，叮囑黽勉，再三再四，徹頭徹尾方始罷休。例如他最著名的〈十漸不克終疏〉，就緊緊抓住人君「靡不有初，鮮克有終」的總病根，窮追不捨，反覆敲打警告，最後得出「居安思危」的論斷，並且高呼出頗像今日的「革命尙未成功，同志仍須努力」或「將革命進行到底」的時代最強音。這道疏文是其強硬切直風格的代表作。唐太宗讀罷此文，對魏徵說：「自得公疏，反覆研尋，深覺詞強理直，遂列爲屏障，朝夕瞻仰。」（《貞觀政要》卷十《愼終》）至於就事論事、面折廷爭之時，他的強直風格幾乎達到了與唐太宗抗辯爭吵、批判抨擊的地步。這類直諫之例在在皆是，如貞觀三年朝廷關於免租免役的詔令剛發出，又下詔向民徵租派役，面對這種朝令夕改的做法，魏徵既感到了氣憤，又替皇上的威信擔憂，於是上書進諫，文中就有「今陛下……始發大號，便有二言。生八表之疑心，失四時之大信。縱國家有倒懸之急，猶必不可。況以泰山之安，而輒行此事！為陛下為此計者，於財利小益，於德義大損。」這等直率地指責皇上為點小利益就不講信用，在貞觀群臣中是少見的。更有甚者，魏徵多次敢於在皇上發雷霆之怒的時候，還「不識相」地跳出來，厲聲嚴色地與皇上抗爭，寸步不讓，毫無懼色。例如我在書中徵引過的關於薛仁方拘留蜀王妃之父一事，與唐太宗的爭論，關於唐太宗責怪房玄齡多管閑事的進諫，對唐太宗為所謂臣下欺負越王一事向群臣發淫威耍潑的反辯和抨擊……還有他多次針對唐太宗的過失和錯誤的糾彈和指責，僅一部《貞觀政要》就滿紙皆是。導致魏徵這種大膽的文風，原因是多方面的：一是唐初統治者不僅鼓勵直言極諫，而且容納異端思想。容許是古非今，容許牢騷憤世。這一點我在論述「貞觀之治」的章節中，已有闡述。二是魏徵自身個性和品格上的原因。他承襲剛直不阿的父風，以正直忠貞為一輩子做人的準則，加之他出山參政較晚，半生虛擲，好不容易盼到為國出力，為君獻智的機會，怎能不珍惜，不認眞對待？這種責任心一經濃縮，便凝成激烈之論了。再者，魏徵一生幾次爲降臣，當戰俘，一直不得志，更由於屬太子建成死黨，在李世民掌權後，本已打算赴死的他，沒料到獲得新生。叫他如何不感激涕零，肝腦塗地？反正是死過一回的人，這條命是唐太宗撿回的，就算隨時再被唐太宗殺掉，他也絕對無怨無悔，更無懼無畏。「民不畏死，奈何以死懼之！」爭取在有限的生涯裡，多發揮其政治效益，多貢獻一份力量，在此種心情驅使下，他便有些捺不住了，有些迫切了。當然，更重要的是魏徵的崇高政治理想在激勵和鼓舞著自己的勇氣和膽略，由於他「恥君不及堯、舜」，故而對唐太宗的要求就更嚴、更高，甚至達到苛刻的程度。

老於世故，諳於人情

魏徵爲文謹有度，不逾規矩。這一點初看起來，似乎與「諫語激切，文風強直」有些矛盾，其實不然，正反映了事物的複雜性與辯證法。風格強直不等於言論過激，不等於肆無忌憚，大放厥詞，不等於可以無中生有、無理取鬧，更不等於忽視或無視君尊臣卑、無所顧忌、任意作爲。別說談不上什麼「言論自由」，就是限度內的可諫之事，在行文上、語氣上、遣詞造句上、佈局立意上、舉證選事上，都不得太隨便、太馬虎。魏徵的諫諍水準正反映在他能夠完美而和諧地將強直和謹慎、率眞和講究、激切與委婉等對立的東西統一起來，時刻都沒有忘記對剛柔、輕重、寬急、上下等度量和分寸上的把握。他既忠君爲國，無私無畏，又老於人情，達於世故；既注意本質和內容，又講究形式和技巧。只有既救國危又保身危的人，才稱得上標準的、合格的、成熟的政治家。

唐太宗雖然是古來少有的明君，但貞觀年代畢竟不同於可以放言遊說的戰國時期，言論還是一定要收斂的。「貞觀八年，陝縣丞皇甫德參上書忤旨，太宗以爲訕謗。侍中魏徵進諫曰：『昔賈誼當漢文帝上書云云「可爲痛哭者一，可爲長嘆息者六。」自古上書，率多激切。若不激切，則不能起人主之心。激切即是訕謗，惟陛下詳其可否。』太宗曰：『非公無能道此者。』」（《貞觀政要》卷二《納諫》）人臣上諫，如果用語不當，就會被君主認爲是訕毀朝政，誹謗聖上，就會遭致殺身之禍。即便不丟性命，至少也不爲君主所諒、所容，因而上書進諫的目的也難以達到。魏徵儘管以大學者和理論家的身份出現在貞觀政治舞台上，其忠貞正直的形象已深深鑲嵌在時人心中，他的大政方針的設計，政治方略的奉獻，事實已證明了他的歷史功勛和重大作用，得到唐太宗極高的評價和充分的肯定，但是，這些並不意味著他就可享有言論無罪的特權，就可以放言無忌，隨心所欲，就沒有身危招禍的危險。早在貞觀初年，他便以一種「不存形跡」的莫須有控告遭受到一次挫折，之後的貞觀六年，唐太宗又以「魏徵每廷辱我」的原因，動了殺機，「會須殺此田舍翁」。幸虧由長孫皇后的巧妙諷諫才止歇了這場危機。這種挫折和風波，不可能不給魏徵的諫諍行為帶來影響，他為文縱放卻不再隨便，極度注意分寸的把握，正好可在其各篇諫議中找到明顯的謹慎跡象。在貞觀六年以前，魏徵是意氣風發，鋒芒正健，論事直抒胸臆，較少掩飾其塊壘。如貞觀三年，關於簡點中男十八以上入軍一事的進諫，史稱是「徵正色曰」，可見其「指點江山，激揚文字」之態。文中有厲聲質問唐太宗之語：「若次男以上，盡點入軍，租賦雜傜，將何取給？……其數雖衆，終是無用。若精簡壯健，遇之以禮，人在其勇，何必在多？陛下每云，我之為君，以誠信待物，欲使官人百姓，並無矯僞之心。自登極以來，大事三數件，皆是不信，復何以取信於人？」其氣勢之壯，今人猶憚。

可是，貞觀六年以後，魏徵經此頓挫，爲文出語皆爲之一變，一掃當年表面壯盛逼人的氣勢洶洶的風格，轉而進入沈鬱、醇厚一格，沒料到效果更好，唐太宗基本上對他是言聽計從。例如諫止唐太宗去泰山封禪，在唐太宗的連聲追問下，魏徵學會了欲進先退，欲擒故縱的手法：「太宗曰：『朕功不高耶？』曰：『高矣。』『德未厚耶？』曰：『厚矣。』『華夏未安耶？』曰：『安矣。』「遠夷未慕耶？」曰：『慕矣。』『符瑞未至耶？』曰：『至矣。』『年穀未登耶？』曰：『登矣。』『然則何爲不可？』」一直等到唐太宗一步一步地逼到這份兒上，魏徵本已是正義在手，成竹在胸，豈無理由反擊？可見他依然不急不躁，且採取從容不迫、厚積薄發的技巧來答對：「陛下功高矣，民未懷惠。德厚矣，澤未旁流。華夏安矣，未足以供事。遠夷慕矣，無以供其求。符瑞雖臻，而網羅猶密。積歲豐稔，而倉廩尙虛。此臣所以竊謂未可。」然後，再用病人的比喻，講不可立刻折騰的道理，又引隋煬帝滅國的教訓，來警醒發燒的唐太宗，最後充滿悲天憫人的口氣如實描繪了國家尚未完全恢復經濟、戰爭瘡痍未完全醫治、人民仍處在痛苦境地的情形，「今自伊洛以東，暨乎海岱，萑莽巨澤，茫茫千里，人煙斷絕，雞犬不聞，道路蕭條，進退艱阻」。結論於是自然出來了：「寧可引彼戎狄，示以虛弱？竭財以賞，未厭遠人之望；加年給復，不償百姓之勞。或還水旱之災，風雨之變，庸夫邪議，悔不可追。豈獨臣之誠懇，亦有輿人之論。」再例如在進諫唐太宗責怪房玄齡干涉北門營造一事時，魏徵的諫語明顯有沈鬱厚重的特色。「而陛下責之，臣所不解。玄齡等不識所守，但知拜謝，臣亦不解。」其中的兩個「不解」，含義多深！語氣雖不嶠直尖銳，但力量分明大多了。

二 難邏輯

魏徵的諫文，眞正的技巧，還不在這裡。他在諫止太宗爲群臣輕蔑越王而威怒的一席話，才眞正是顯得老練多謀，諫術頗高。「今三品以上，列爲公卿，並天子大臣，陛下所加敬異。縱其小有不是，越王何得輒加折辱？若國家紀綱廢壞，臣所不知。以當今聖明之時，越王豈得如此？且隋高祖不識禮義，寵樹諸王，使行無禮，尋加罪黜，不可爲法，亦何足道？」

這段話高級巧妙在於：第一，拿皇上來壓越王。以皇上都對大臣特加敬異爲前提，你一個小親王算什麼，還敢反而對大臣無禮，輒加折辱嗎？儘管「並天子大臣，陛下所加敬異」的前提是魏徵總結歸納出來的，但唐太宗不好反駁和否定它，假若要否定，說「朕並不敬重你們大臣」之類的話，那麼就會陷入更大的不利和被動中，所以魏徵料定太宗雖極不情願在當時的場合下默許這一別人強加的前提，但絕不會明言否定。只要這樣就可以了，接下來自然就能推導出「越王更不應對大臣隨意折辱」的結論。第二，轉移主題，偷換重點。本來當時討論的事情是關於「大臣輕蔑越王」的問題，圍繞這一點，本來只應該爭辯「是否眞的有大臣欺負或輕蔑了越王」和「越王可不可以輕蔑和欺負」這兩個問題。但是，魏徵心裡清楚：如果糾纏著這兩個論點不放，即使再怎樣的申辯、解釋，再怎樣的道歉、賠罪，唐太宗的怒火是不但不消，反而會燒得更旺，那麼局面將不可收拾。於是他巧妙地抓住唐太宗在氣頭上講話中的把柄和漏洞，進行了主題的轉移和偷換。唐太宗說過這樣有失水準的話：「我見隋家諸王，達官以下，皆不免被其躓頓。我之兒子，自不許其縱橫，公等所容易過，得相共輕蔑。我若縱之，豈不能躓頓公等！」魏徵把這番話當作把柄，於是自然而然地將話題從糾纏大臣輕蔑親王轉移成了「親王該不該欺負大臣」的論點，從而變被動為主動，變解釋、申辯為質問、追究，方才唐太宗是起訴人，魏徵等大臣是應訴人或被告人，一下子卻顛倒過來，唐太宗成了被告。這是多麼高明的諫術！每讀史及此，不禁為魏徵的聰明智慧拍掌叫好！第三，拿否定性的前提來推斷一種皇上不敢承擔的結論，從而使肯定性的結論自然成立。「若國家紀綱廢壞，臣所不知。以當今聖明之時，越王豈得如此？」先是假設紀綱廢壞的時代，才會出現親王可以任意欺凌大臣的現象。如果你唐太宗承認自己的統治時代是紀綱廢壞的亂世，那我們就自認倒霉，什麼都不必說了。可是，你唐太宗是聖明的君主，那就不能允許越王胡作非為了。這種邏輯，無疑將唐太宗推向一個二難的矛盾窘境。他料定唐太宗是不肯以承認自己昏庸為代價，來硬要堅持越王可以欺負臣下的結論。於是，越王不可躓頓大臣的結論就得到了成立。另外，魏徵用同樣的方法將這一結論鞏固了。隋高祖不知禮義，寵自己的兒子們，讓他們無禮，結果他們的兒子都沒有好下場，他們不是什麼好榜樣，根本不應該效法他們，又哪裡值得一提？又設一邏輯圈套，使唐太宗不敢再往裡鑽了。

欲抑先揚，欲貶先褒

魏徵的老練還反映在他的諫文欲抑先揚，欲貶先褒，以褒揚爲基礎，以貶抑爲重點，以及用詞選句上面。例如在論及皇上對君子與小人問題的重大失誤時，儘管全篇幾乎爲指責批判之意，但他仍然忘不了要先頌揚皇上幾句：「陛下聰明神武，天姿英睿，志存泛愛，引納多途」。只是好善和疾惡這種美好品性在實踐中沒有落實令人滿意而已。又如在諫君臣關係時，寫道：「又聞國家重惜功臣，不念舊惡，方之前聖，一無所間。然但寬於大事，急於小罪，臨時責怒，未免愛憎之心，不可以爲政。」前四句完全是褒揚歌頌之辭，「然」字後面開始切入要諫勸的正題，開始展開對皇上過失的批評了，但依然用詞造句非常謹愼，頗有分寸。「但」，只是之意，「未免」，亦有替皇上諒解開脫之微忱。類似的語句，不勝枚舉。再如，貞觀十六年，唐太宗問魏徵，他在積德、累仁、豐功、厚利這四個方面做得如何？魏徵答道：「德、仁、功、利，陛下兼而行之。然則內平禍亂，外除夷狄，是陛下之功。安諸黎元，各有生業，是陛下之利。由此言之，功、利居多，惟德與仁，願陛下自強不息，必可致也。」（《貞觀政要》卷三《擇官》）本來是說唐太宗在四個方面中，德、仁兩方面還做得不錯，但魏徵卻先是用「陛下兼而行之」，後是用「願陛下自強不息，必可致也」的委婉說法，眞可謂煞費苦心，難爲了臨死之際的魏徵老人了！

餘論

關於魏徵，我覺得該說的都說了，但我總像是沒有寫出東西來，甚至擔心仍然不能讓讀者明白魏徵到底是何許人。其實，我自己寫了這麼多，也同樣不能說清這本傳論的主人翁是怎樣的一位歷史人物。於是，便再抄下此一文獻內容，來給我壯膽，並彌補我講不清楚的結論：

魏徵（公元五八〇～六四三年）唐初政治家。字玄成，館陶（今屬河北）人。少時孤貧落拓，出家為道士。隋末參加瓦崗起義軍，李密敗，降唐。又被竇建德所獲，任起居舍人。建德失敗，入唐為太子洗馬。太宗即位，擢為諫議大夫，前後陳諫二百餘事。貞觀三年（公元六二九年）任秘書監，參與朝政，校定秘府圖籍。後一度任侍中，封鄭國公。曾提出「兼聽則明，偏信則暗」，多次勸太宗以隋亡為鑒，認為君好比舟，民好比水，「水能載舟，亦能覆舟」，必須「居安思危，戒奢以儉」，「任賢受諫」，「薄賦斂，輕租稅」，「無為而理」。其言論見於《貞觀政要》。著作有《隋書》的序論與《梁書》、《陳書》、《齊書》的總論，主編有《群書治要》。

以上爲《辭海》關於的「魏徵」的記載。它代表了當今學術界對魏徵的最普通的看法。那麼古代史家對魏徵的評價如何呢？我不妨再摘引新舊《唐書》的結論如下：

《舊唐書·魏徵列傳》

史臣曰：「臣嘗讀漢史《劉更生傳》，見其上書論王氏擅權，恐移運祚，漢成不悟，更生徘徊伊鬱，極言而不顧禍，何匡益忠蓋也如此！當更生時，諫者甚多。如谷永、楊興之上言，圖為奸利，與賊臣為嚮導；梅福、王吉之言，雖近古道，未切事情。則納諫任賢，詎宜容易！臣嘗閱《魏公故事》，與文皇討論政術，往復應對，凡數十萬言。其匡過弼違，能近取譬，博約連類，皆前代諍臣之不至者。其實根於道義，發為律度，身正而心勁，上不負時主，下不阿權幸，中不侈親族，外不為朋黨，不以逢時改節，不以圖位賣忠。所載章疏四篇，可為萬代王者法。雖漢之劉向、魏之徐邈、晉之山濤、宋之謝朏，才則才矣，比文貞之雅道，不有遺行乎！前代諍臣，一人而已。」

讚曰：智者不諫，諫或不智。智者盡言，國家之利。鄭公達節，才周經濟。太宗用之，子孫長世。

《新唐書·魏徵列傳》：

君臣之際，顧不難哉！以徵之忠，而太宗之睿，身歿未幾，猜譖遽行。始，徵之諫，累數十餘萬言，至君子小人，未嘗不反覆為帝言之，以佞邪之亂忠也。久猶不免。故曰：「皓皓者易汙，嶢嶢者難全。」自古所嘆云。唐柳芳稱「徵死，知不知莫不恨惜，以為三代遺直」。諒哉！

有了以上所引的古今權威結論，我不敢讚一辭。只需再就魏徵的晚年及其死後情形簡要補充一下，以彌縫本書之遺漏。

貞觀十三年，魏徵正好六十歲。這一年，他剛剛當了近一年的尙書右僕射後，退居二線，以特進的身份給唐太宗上了他一生最有名的〈十漸不克終疏〉。

貞觀十四年，魏徵在參預朝政之餘，花了一定的精力撰寫了《類禮》一書，唐太宗將此書藏於秘府，並且賜太子與諸王學習。

貞觀十五年，六十二歲的魏徵，身體已經不大好了，常常臥病在床。唐太宗想起用他爲尙書右僕射，再次爲宰相，他沒有答應。之後，皇上又任命他爲太子太師，把教導承乾太子的重任托付給了魏徵。

貞觀十六年，魏徵病情稍有好轉，便於這年九月份正式就任太子太師。

貞觀十七年（公元六四三年），魏徵六十四歲。這是他生命的最後一年。嚴格地說，他只活到這一年的正月十七日。剛過了年，他就重病不起了。他一生節儉，不謀私利，不置產業，自己的家甚至連個正規的客廳和臥室都沒有。在他彌留之際，唐太宗自知魏徵快不行了，就採取了幾條措施，一是賜了一批白色的被單和褥子，以尊重他一生節儉和對白色的喜愛；二是派遣郎中將住在魏徵家裡値班，隨時向他匯報魏徵的病況；三是派人送給魏徵大量的御用藥品和食物，並不斷派專使前往慰問；四是取消宮中某小殿的營建，將這批材料轉批給魏徵家裡做個像樣的房屋，以備日後辦喪事之用；五是親自到魏徵家裡探望病情，君臣二人單獨在病榻前會晤面談了一天。並且在幾天後又一次帶著皇太子親往魏家看望。看到魏徵氣息奄奄、骨瘦如柴的樣子，還鄭重地穿好了正規的朝服等候著皇上的駕臨，唐太宗不禁悲傷不已，痛哭流涕。他上前緊緊握著老人的手，噙著熱淚地問道：「先生有什麼要求？有哪些話要交代的？」魏徵拼盡全部力氣，一字一句地說：「嫠不恤緯，而憂宗周之亡！」人之將死，卻仍在憂慮社稷的安危，仍在操心著國家的前途命運。聽著他的臨終遺言，唐太宗感動得垂淚哽咽，兩行熱淚滾在床上，在場的太子和諸王、公主以及魏徵的家屬，全都失聲慟哭起來！

唐太宗感動之下，當場決定要把自己的女兒衡山公主許配給魏徵的長子魏叔玉，他要與魏徵結成兒女親家，以報答他爲國盡忠竭誠、死而後已的一生。於是，他把在場的衡山公主叫過來，站在魏徵的床邊，對魏徵喊道：「先生，請睜開眼睛看一看您的新兒媳吧！」可是魏徵的眼睛始終無力再睜開，只是氣若游絲地囁嚅著嘴唇，以叩謝皇上的恩澤。這一天的夜晚，唐太宗夢見了魏徵平時的音容舉止，宛若眞實的情形。次日黎明，噩耗傳來，魏徵這位偉大的政治家、忠誠卓越的大臣終於與世長辭了。唐太宗親臨哭喪，慟哭不已。並爲悼念他，宣布罷朝五天。皇太子在西華堂主持致哀大會，全國官員全部參加赴喪活動。下詔：贈司空、相州都督；定謚號爲「文貞」；陪葬昭陵。其葬禮爲一品官員的級別，異常隆重。經過魏徵妻子裴氏的請求，說丈夫一生儉約，現在葬禮場面如此盛大，非平生的志願。喪事才從簡而行。唐太宗「登苑西樓，望哭盡哀」，爲魏徵行目送禮。祭儀由晉王主持。墓碑之文由唐太宗親自撰寫和手書。這一切都表達了以唐太宗爲首的統治集團對魏徵的崇高敬意。

唐太宗在後來臨朝時，對群臣說過：「以銅爲鏡，可正衣冠；以古爲鏡，可知興替；以人爲鏡，可明得失。朕嘗保此三鏡，內防己過。今魏徵逝，一鏡亡矣。」後來唐太宗還因爲思念魏徵不已，「登凌煙閣觀畫像，賦詩悼痛。」（《新唐書·魏徵傳》）可見魏徵在唐太宗心目中的分量，是如何的巨大！

然後，不久之後，由於一些奸佞之臣的嫉妒和誹謗，致使魏徵身死之後卻還要受到一次錯誤的處置。由於魏徵生前向唐太宗推薦過杜正倫和侯君集，認爲他們有宰相之才，堪當大任。魏徵死後，他們兩人都因牽連到太子承乾的謀逆事件，一個被流放，一個被殺。於是有人乘機攻擊魏徵之所以推薦他二人，是因爲他們早已結爲同黨，有謀反的打算。唐太宗聽後，開始對魏徵的一生懷疑起來。還有人說魏徵把自己諫諍皇上的奏疏都抄錄下來，交給了史官褚遂良，想使自己名揚青史，美名永垂，而不惜張揚皇上的過失和錯誤。唐太宗於是更加不高興，於是便要重新對待魏徵了。就這樣，他不但令人毀掉了自己給魏徵寫的墓碑之文，而且還停止了將衡山公主嫁給魏徵之子的決定。一生坎坷的魏徵，死後竟仍然遭此待遇，從生到死，都籠罩著一層濃厚的悲劇氣氛，使人感嘆著這位偉大的封建政治家多舛的命運。

魏徵有四個兒子，依次是叔玉、叔琬、叔璘、叔瑜。長子叔玉繼承父親爵位，不過光祿少卿。神龍初年，爵位傳給兒子魏膺。次子叔琬，事跡不詳。三子叔璘，當過禮部侍郎，武則天專政時，被酷吏殺掉。四子叔瑜，曾任豫州刺史，善書法。其子魏華、其婿薛稷，繼承發揚了叔瑜的書法，成爲盛唐時期有名的書法家，當時把他們與虞世南、褚遂良等書法大家相提並論，有「前有虞、褚，後有薛、魏」之稱。另外，魏徵的五世孫魏謩比較有名，爲唐文宗時期的著名諫臣，頗有祖宗遺風。他歷仕文宗、武宗、宣宗、敬宗四朝，有一定的政績，可算是魏徵後人中最有出息的一個了。

編後記

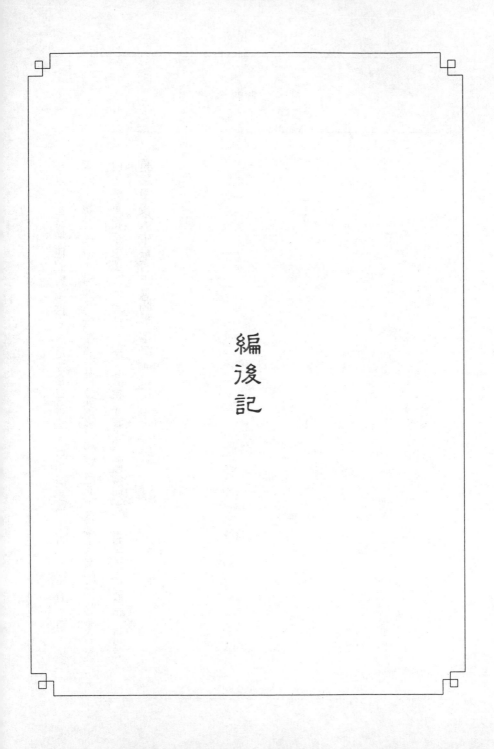

本書由余和祥撰寫，由於余和祥先生忙於教學，書稿寫成不及修改，由馬風先生刪削文字，敲定體例。余和祥享有著作權，但馬風先生成人之美功不可沒。

是爲編後記。

魏徵的人生哲學—忠諫人生　中國人生叢書 26

主　　編／揚帆
著　　者／余和祥
出　　版／揚智文化事業股份有限公司
發 行 人／林智堅
副總編輯／葉忠賢
責任編輯／賴筱彌
執行編輯／龍瑞如
登 記 證／局版台業字第 6499 號
地　　址／台北市新生南路三段 88 號 5 樓之 6
電　　話／(02)366-0309　366-0313
傳　　真／(02)366-0310
郵　　撥／1453497-6
E — mail ／ ufx0309@ms13.hinet.net
印　　刷／偉勵彩色印刷股份有限公司
法律顧問／北辰著作權事務所　蕭雄淋律師
初版一刷／1997 年 11 月
定　　價／新臺幣：250 元

南區總經銷／昱泓圖書有限公司
地　　址／嘉義市通化四街 45 號
電　　話／(05)231-1949　231-1572
傳　　真／(05)231-1002

I S B N : 957-8446-41-1

國家圖書館出版品預行編目

魏徵的人生哲學：忠諫人生 / 余和祥著.
--初板--臺北市 ; 揚智文化 , 1997[民 86]
面 ; 公分.— (中國人生叢書 ; 26)
ISBN:957-8446-41-1(平裝)

1. (唐)魏徵 - 傳記
2. (唐)魏徵 - 學術思想

782.8411　　86011081